PLANO DE NEGÓCIOS
passo a passo

Adonai José Lacruz, D.Sc.

PLANO DE NEGÓCIOS

passo a passo

Transformando sonhos em negócios

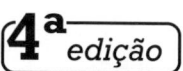
4ª edição

ALTA BOOKS
EDITORA
Rio de Janeiro, 2022

Plano de Negócios Passo a Passo

Copyright © 2022 da Starlin Alta Editora e Consultoria Eireli.
ISBN: 978-65-5520-594-7

Todos os direitos estão reservados e protegidos por Lei. Nenhuma parte deste livro, sem autorização prévia por escrito da editora, poderá ser reproduzida ou transmitida. A violação dos Direitos Autorais é crime estabelecido na Lei nº 9.610/98 e com punição de acordo com o artigo 184 do Código Penal.

A editora não se responsabiliza pelo conteúdo da obra, formulada exclusivamente pelo(s) autor(es).

Marcas Registradas: Todos os termos mencionados e reconhecidos como Marca Registrada e/ou Comercial são de responsabilidade de seus proprietários. A editora informa não estar associada a nenhum produto e/ou fornecedor apresentado no livro.

Impresso no Brasil — 4ª Edição, 2022 — Edição revisada conforme o Acordo Ortográfico da Língua Portuguesa de 2009.

Erratas e arquivos de apoio: No site da editora relatamos, com a devida correção, qualquer erro encontrado em nossos livros, bem como disponibilizamos arquivos de apoio se aplicáveis à obra em questão.
Acesse o site **www.altabooks.com.br** e procure pelo título do livro desejado para ter acesso às erratas, aos arquivos de apoio e/ou a outros conteúdos aplicáveis à obra.

Suporte Técnico: A obra é comercializada na forma em que está, sem direito a suporte técnico ou orientação pessoal/exclusiva ao leitor.

A editora não se responsabiliza pela manutenção, atualização e idioma dos sites referidos pelos autores nesta obra.

Produção Editorial
Editora Alta Books

Gerência Comercial
Daniele Fonseca

Editor de Aquisição
José Rugeri
acquisition@altabooks.com.br

Produtores Editoriais
Illysabelle Trajano
Maria de Lourdes Borges
Thales Silva
Thiê Alves

Marketing Editorial
Livia Carvalho
Thiago Brito
marketing@altabooks.com.br

Equipe de Design
Larissa Lima
Marcelli Ferreira
Paulo Gomes

Diretor Editorial
Anderson Vieira

Coordenação Financeira
Solange Souza

Coordenação de Eventos
Viviane Paiva

Assistente Editorial
Mariana Portugal

Equipe Ass. Editorial
Beatriz de Assis
Brenda Rodrigues
Caroline David
Gabriela Paiva
Henrique Waldez
Raquel Porto

Equipe Comercial
Adriana Baricelli
Daiana Costa
Fillipe Amorim
Kaique Luiz
Victor Hugo Morais

Atuaram na edição desta obra:

Revisão Gramatical
Carolina Ponciano
Marcela Sarubi

Capa
Joyce Matos

Diagramação
Joyce Matos

Dados Internacionais de Catalogação na Publicação (CIP) de acordo com ISBD

L149p	Lacruz, Adonai José Plano de negócios passo a passo : transformando sonhos em negócios / Adonai José Lacruz. - Rio de Janeiro : Alta Books, 2021. 224 p. ; 17cm x 24cm. Inclui índice. ISBN: 978-65-5520-594-7 1. Negócios. 2. Empreendedorismo. 3. Plano de negócios. 4. Administração. I. Título.
2022-304	CDD 658.4012 CDU 65.011.4

Elaborado por Odilio Hilario Moreira Junior - CRB-8/9949

Ouvidoria: ouvidoria@altabooks.com.br

Editora afiliada à:

Rua Viúva Cláudio, 291 — Bairro Industrial do Jacaré
CEP: 20.970-031 — Rio de Janeiro (RJ)
Tels.: (21) 3278-8069 / 3278-8419
www.altabooks.com.br — altabooks@altabooks.com.br

Este livro é dedicado à minha esposa Michelle e aos meus filhotes João e Carlos, impulsionadores da minha vida, com amor.

Agradecimentos

É oportuno reconhecer o auxílio de pessoas, sem as quais a conclusão desta obra seria pouco provável.

Quero também expressar minha sincera gratidão ao professor Everton Assis Cunha, que avaliou este livro a cada nova edição, desde a publicação independente que fiz ainda em 2006 — passando pelas três edições da *Qualitymark* (2008, 2013 e 2017) — até esta quarta edição com o selo da Alta Books, a qual gentilmente elaborou o capítulo 5 – "Modelagem de Negócio".

Agradecimento ainda a Eduardo Marim Pissinati, que embarcou comigo na expedição de desenvolvimento do software para elaboração de plano de negócios, o Profit, disponível aos leitores desde a primeira edição do livro, em 2008. Sem isso, o livro seria outro.

E, finalmente, à minha esposa Michelle, a mais afetuosa gratidão pelo estímulo em todos os momentos.

Adonai José Lacruz

Prefácio à Quarta Edição

É com grande alegria que apresento a quarta edição deste *Plano de Negócios Passo a Passo: Transformando Sonhos em Negócios*. Desde o seu lançamento em 2006 — considerando a publicação independente que fiz — passaram-se quinze anos. Verdadeiramente não julguei que este livro teria tão boa aceitação no mercado.

Nesses últimos anos, empreendi e ajudei a empreender negócios; atuei como executivo e consultor de empresas; fui professor de disciplinas da área de negócios em diferentes níveis de ensino; fracassei e tive vitórias. O mais importante é que estive em movimento, guiado pelos meus sonhos e contando com o apoio da minha amada Michelle em todos os momentos.

Neste período também houve grande troca de experiência com professores que usaram o livro em suas disciplinas, além da própria experiência docente de indicá-lo como referência aos meus alunos.

Esta quarta edição é resultado desses quinze anos. Novas experiências trazem novas perspectivas. Na verdade, apenas reler o que foi escrito é, de certa forma, um convite a reescrever. Porém, desde a segunda edição, me policio para não alterar o texto mais do que o necessário, a fim de preservar as ideias e as formas de desenvolvê-las da primeira redação do livro e, ao mesmo tempo, dar à obra fôlego.

Assim, procurei atualizar os dados, para que o conteúdo do livro permanecesse atual, e refiz alguns trechos que julguei ainda merecerem retoques. Por outro lado, mantive a essência da redação, pois (mais uma vez) não se trata de um livro novo, mas uma nova versão do mesmo livro.

Enfim, as alterações nesta edição foram feitas para que o livro ficasse mais bem acabado e compreendesse um bom curso de plano de negócios.

Adonai José Lacruz

Janeiro de 2021

Apresentação

Falar e agir sem pensar pode ser algo positivo, demonstrando que determinada pessoa é autêntica, por exemplo. Contudo, na Administração, agir sem pensar é sinônimo de inaptidão e incompetência, o que pode custar a vida de uma organização!

Como seres humanos, somos dotados de consciência, inteligência e competência para planejar e dirigir nossas ações e atividades. Logo, é a racionalidade que nos diferencia dos animais. Todavia, muitas vezes, começamos um negócio de maneira instintiva. Desse modo, a árdua tarefa de pensar e planejar um negócio não é confrontada por inúmeros empreendedores que alegam falta de tempo ou priorizam o que chamam de "pensamento prático". Como consequência, o sonho de começar um negócio pode se tornar, na verdade, um pesadelo.

O livro **Plano de Negócio Passo a Passo**, escrito por Adonai Lacruz, pode transformar seu sonho de negócio em uma realidade produtiva, e não em um letargo. Para o autor, que atuou por sete anos como superintendente executivo do Instituto Terra e atua por quase duas décadas como autor/professor universitário na área de gestão, o plano de negócio deve ser entendido como uma ferramenta básica para todo e qualquer empreendedor que almeje o sucesso de sua empresa. A vivência profissional e literária de Adonai Lacruz faz com que a experiência de ler e aprender sobre plano de negócio seja agradável, permitindo entender que tal ferramenta não elimina conflitos profissionais ou organizacionais, mas aponta para possíveis problemas e percalços que podem vir a ocorrer. Por isso, **Plano de Negócio** permite ao empreendedor traçar cenários e prever problemas, facilitando a gestão de riscos (como falta de capital, problemas com fornecedores, dificuldades com vendas) que são inerentes a todo e qualquer empreendimento. Para o autor, um plano de negócio estruturado auxilia o empreendedor a gerir entraves que, uma vez superados, geram aprendizado e diferencial competitivo para o empreendimento.

Adonai Lacruz, a partir de sua experiência teórica e empírica, desenvolveu um software que permite que empreendedores elaborem, implementem e controlem um plano de negócio. O referido software é oferecido como um instrumento auxiliar e exclusivo deste livro; um diferencial que agrega valor a *Plano de Negócios Passo a Passo*. O software permite que o empreendedor inscreva seus sonhos em um meio material, possibilitando constantes atualizações e revisões que transformam o sonho em algo concreto e palpável. Assim, o livro ensina que sonhar é apenas o primeiro passo; como seres racionais, devemos inscrever nossos sonhos em instrumentos físicos a exemplo do software, criando cenários e gerando previsões — é, ao menos assim, que seu sonho pode ser transformado em metas, planejamento e ação, passos tão (ou mais) importantes do que sonhar.

Bruno Luiz Américo

Doutor em Administração pela Universidade Federal do Espírito Santo (UFES) com período sanduíche na University of Technology Sydney (UTS).

Sumário

Sobre o Livro — xv

PARTE 1: Introdução ao Plano de Negócios

Capítulo 1: O que é? — 2

Capítulo 2: Qual a Importância? — 7

Capítulo 3: Qual a Estrutura? — 11

Capítulo 4: Como Avaliar um Plano de Negócios? — 17

PARTE 2: Plano de Negócios Passo a Passo

Capítulo 5: Modelagem de Negócio — 25

Capítulo 6: Checklist Inicial para Elaboração de Plano de Negócios — 47

Capítulo 7: Plano de Marketing — 51

Capítulo 8: Descrição da Empresa — 103

Capítulo 9: Plano Financeiro — 119

Capítulo 10: Plano de Risco — 151

Capítulo 11: Plano de Implementação — 157

Capítulo 12: Sumário Executivo — 161

PARTE 3: Recomendações Adicionais

Capítulo 13: Conselhos Finais ao Empreendedor — 168

Apêndices

Apêndice A: Noções elementares sobre tributação — 173

Apêndice B: Taxa Interna de Retorno Modificada (MTIR) — 191

Apêndice C: Determinação gráfica do *payback* descontado — 193

Apêndice D: Análise de investimento de projetos mutuamente excludentes — 195

Apêndice E: Ponto de equilíbrio para mais de um produto/serviço — 199

Índice — 203

Sobre o Livro

A quem se destina

O livro se destina aos estudantes de cursos cujo conteúdo contemple o tema plano de negócios. Os principais cursos são de pós-graduação e graduação em Administração, Economia e Contabilidade.

Esclarece-se, entretanto, que cursos não ligados diretamente à área de "negócios" passaram a contemplar conteúdos ligados a empreendedorismo e plano de negócios. Está-se tendo a compreensão de que qualquer atividade profissional passa pela área de negócios: bacharéis em Direito que queiram advogar e montar seus escritórios; dentistas que desejam abrir seus consultórios; fisioterapeutas que almejam montar suas clínicas, etc.

Por isso, este livro se destina também aos estudantes de tais cursos, pois se procurou escrevê-lo em linguagem simples, que facilitasse a compreensão do tema, sem, entretanto, descurar-se da profundidade e da consistência com as quais o assunto merece ser tratado, dada sua relevância no cenário mundial e, mais acentuadamente, nacional.

Além de estudantes, o livro se destina a empreendedores interessados em criar negócios ou elaborar um plano de negócios para seus empreendimentos que já existem.

Foco

O livro contém um curso completo de elaboração de plano de negócios, com foco na constituição de microempresas e empresas de pequeno porte nascentes.

Estrutura

Compõe-se de três partes, que totalizam treze capítulos, estruturadas de modo a tratar o objeto principal — elaboração de plano de negócios — passo a passo.

Além disso, há cinco apêndices: Noções elementares sobre tributação; Análise de investimento de projetos mutuamente excludentes; Determinação gráfica do *payback* descontado; Taxa interna de retorno modificada e Ponto de equilíbrio para mais de um produto/serviço.

A abordagem didática do livro visa acentuar a aprendizagem dos leitores e dos alunos, bem como a auxiliar professores na preparação e na condução das aulas.

1. Objetivos de aprendizagem

Em cada uma das três partes do livro, são descritos os respectivos objetivos de aprendizagem, a fim de apontar a contribuição de cada uma para a consecução do objetivo geral da obra.

2. Disposição dos capítulos

Os capítulos foram dispostos da forma a seguir descrita:

- **Parte I** – Introdução ao Plano de Negócios: Capítulos 1 a 4, que tratam, respectivamente, sobre o conceito, a importância, a estrutura e a avaliação de planos de negócios.

- **Parte II** – Plano de Negócios Passo a Passo: Capítulos 5 a 12, que abordam desde a modelagem do negócio (elaborado pelo professor Everton Assis Cunha), passando pelo checklist, com o propósito de testar os conhecimentos que o empreendedor tem sobre o negócio que pretende constituir, até os elementos do escopo sugerido para um plano de negócios.

- **Parte III** – Conselhos Finais ao Empreendedor: derradeiro capítulo (13), que traz algumas recomendações adicionais aos "empreendedores de primeira viagem".

3. Hora de praticar!

No fim de cada capítulo-chave (escopo do plano de negócios proposto – Parte II), há subseções intituladas "Hora de praticar!", que reproduzem as telas de entrada de dados do software para elaboração de plano de negócios Profit.

4. Bibliografia ao final de cada capítulo e remissões a fontes auxiliares de pesquisa

Em vez de informar a bibliografia ao final do livro, preferiu-se apresentá-la após cada capítulo, no intuito de orientar a pesquisa daqueles que desejarem mais detalhamento sobre determinados assuntos. Na mesma direção, também são feitas remissões no corpo do texto (em notas de rodapé) a referências que abordam, de maneira mais aprofundada, alguns dos temas tratados cuja discussão exaustiva fugia ao objetivo do livro.

5. Questões para discussão

Ao final de cada uma das três partes, há questões para discussão. Aos professores, recomenda-se que o debate dessas questões seja feito por meio de metodologias centradas no aluno.

Além disso, para a elaboração de planos de negócios, em conformidade com o escopo abordado no livro, basta instalar o software Profit. O download do Profit pode ser feito no site do autor em www.adonailacruz.com.br, na seção softwares, e também no site da editora em www.altabooks.com.br (procure pelo título do livro).

Um breve tutorial de como usar o Profit está disponível no menu Ajuda/Tutorial. Além disso, um exemplo de plano de negócios real elaborado no Profit está disponível no software tanto em PDF quanto em PN (extensão do Profit). Acesse os arquivos pelo menu Arquivos/Abrir.

Espero que ao final deste livro o leitor se sinta muito mais capacitado para elaborar e avaliar um plano de negócios.

INTRODUÇÃO AO PLANO DE NEGÓCIOS

PARTE 1

Capítulo 1
O QUE É?
1. Delinear o conceito de plano de negócios, abordando suas diferentes nuances.

Capítulo 2
QUAL A IMPORTÂNCIA?
2. Mostrar a importância da elaboração de plano de negócios para o sucesso dos empreendimentos.

Capítulo 3
QUAL A ESTRUTURA?
3. Identificar a estrutura básica de um bom plano de negócios.

Capítulo 4
COMO AVALIAR UM PLANO DE NEGÓCIOS?
4. Expor os principais critérios de avaliação de plano de negócios.

QUESTÕES PARA DISCUSSÃO

CAPÍTULO 1

O que é?

Existem variadas definições para plano de negócios (do inglês, *business plan*). De forma geral, os autores (DEGEN, 1989; PINSON E JINNETT, 1996; PAVANI, DEUTSCHER E LOPEZ, 1997; JIAN, 1997; BANGS JR., 1998; DOLABELA, 1999 E 2000; DORNELAS 2001; RAMAL *et al.*, 2001; CHER, 2002; TACHIZAWA E FARIA 2002; WILLIAMS, THOMPSON E NAPIER, 2002; ROSA, 2004; CHIAVENATO, 2005; BIAGIO E BOTOCCHIO, 2005; MAXIMINIANO, 2006 E BERNARDI, 2006) consideram que é um documento **vivo** que visa **planejar detalhadamente** a abertura, a expansão ou a manutenção de um negócio, e que serve como **instrumento de comunicação** entre seu criador e os agentes externos ao empreendimento. **Vivo**, porque deve ser revisto constantemente. Mudanças no ambiente econômico, tecnológico ou interno ao empreendimento são constantes e devem estar refletidas no plano de negócios, razão pela qual é preciso visitá-lo e reescrevê-lo (atualizando-o) sempre que necessário.

A elaboração de um plano de negócios envolve processos de aprendizagem e autoconhecimento constantes em uma dinâmica cíclica. E é vivo também por não se tratar somente de uma ferramenta técnica, pois está intrinsecamente vinculado ao seu criador: a ideia nasce do seu coração, dos seus sonhos... e o sonho é vivo!

Planejar detalhadamente significa antever nos mínimos detalhes o resultado futuro de ações que se pretendem tomar acerca de um empreendimento, objetivando indicar sua viabilidade ou inviabilidade. Qualquer planejamento tem como propósito a previsão de um evento, visando simular seu futuro, para, daí, verificar previamente se está de acordo com o objetivo desejado e se há caminhos e meios adequados para alcançá-lo. *Por que caminhar no escuro, se podemos acender a luz?*

Não se pode perder de vista que, ao elaborar um plano de negócios, deseja-se verificar — antes de COMO — SE determinado empreendimento é viável. Logo, a conclusão de que o negócio não é viável é uma possibilidade. O resultado (viável ou inviável) depende da ideia em si e da criatividade do empreendedor em contornar eventuais impedimentos identificados.

Como pode ser observado na Figura 1, ao vislumbrar uma oportunidade de negócio, seja porque aquilo que se identificou está sendo oferecido insatisfatoriamente (qualitativa e quantitativamente), seja porque simplesmente não existe, parte-se para o planejamento dessa oportunidade. Feito o plano de negócios, avalia-se se os resultados estimados são ou não satisfatórios. Se sim, ótimo: inicia-se o empreendimento. Caso não, é preciso rever primeiro os parâmetros adotados e as previsões, o que implica visitar o plano de negócios. Se os resultados continuarem sendo insatisfatórios, tenta-se outra solução para a oportunidade identificada. Se mesmo assim for insuficiente, não abrir seguirá sendo o "melhor negócio"!

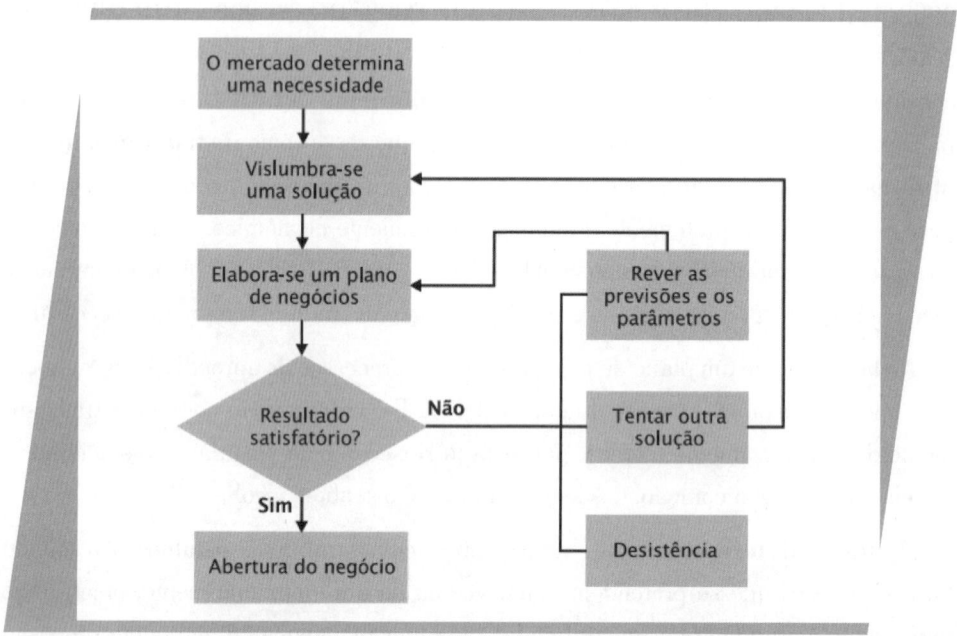

Figura 1 – Ciclo de decisões de um empreendimento

Oportunidades de negócios[1] decorrem, em última análise, da identificação de necessidades, que, por sua vez, derivam, em resumo, da observação de deficiências e de tendências. As deficiências e tendências, por seu turno, podem ser notadas diante de mudanças tecnológicas, alterações nas regulamentações, carências do serviço público, lacunas deixadas por grandes corporações, distúrbios sociais, alterações demográficas,

---

[1] Para uma discussão sobre identificação de oportunidades, recomenda-se a leitura de Filion (2000, p. 30-43) e a ferramenta Análise 360° da oportunidade de negócio, disponível no site da Endeavor (www.endeavor.org.br/estrategia-e-gestao/analise-360o-da-oportunidade-de-negocio-sua-ideia-e-viavel). E sobre avaliação de oportunidades, veja Dornelas (2017, cap. 5).

entre outros fenômenos. Por exemplo, a internet 5G traz oportunidades relacionadas, entre outras, a internet das coisas (IoT); o envelhecimento da população aponta oportunidades ao setor de saúde.

Por fim, retomando a definição de plano de negócios, além de utilizado como ferramenta de planejamento e delineamento de estratégias do empreendimento — a ser criado ou em crescimento —, tem sido tomado também como **instrumento de comunicação** com diferentes públicos, como agências de financiamento, investidores, parceiros, sócios em potencial, etc.

Referências

BANGS Jr., D. H. *The business planning guide*: creating a plan for success in your own business. New Hampshire: Upstart, 1998.

BERNARDI, L. A. *Manual de plano de negócios*: fundamentos, processos e estruturação. São Paulo: Atlas, 2006.

BIAGIO, L. A.; BOTOCCHIO, A. *Plano de negócios*: estratégia para micro e pequenas empresas. São Paulo: Manole, 2005.

CHÉR, R. *Meu próprio negócio*. São Paulo: Negócio, 2002.

CHIAVENATO, I. *Empreendedorismo*: dando asas ao espírito empreendedor. São Paulo: Saraiva, 2005.

DEGEN, R. J. *O empreendedor*: fundamentos da iniciativa empresarial. São Paulo: Makron, 1989.

DOLABELA, F. *Oficina do empreendedor*. São Paulo: Cultura, 1999.

DOLABELA, F. "O plano de negócios e seus componentes". *In*: DOLABELA, F. e FILION, L. J. (org.) *et al. Boa ideia! E agora?*. São Paulo: Cultura, 2000.

DORNELAS, J. C. A. *Empreendedorismo*: transformando ideias em negócios. Rio de Janeiro: Campus, 2001.

DORNELAS, J. C. A. *Empreendedorismo para visionários*: desenvolvendo negócios inovadores para um mundo em transformação. Rio de Janeiro: LTC, 2017.

FILION, L. J. "Oportunidades de negócio". *In*: DOLABELA, F. e FILION, L. J. (org.) *et al. Boa ideia! E agora?*. São Paulo: Cultura, 2000.

JIAN. *Handbook of business planning*: Bizplan builder interactive. JIAN Tools. Mountain View CA, 1997.

MAXIMIANO, A. C. A. *Administração para empreendedores*: fundamentos da criação e da gestão de novos negócios. São Paulo: Pearson Prentice Hall, 2006.

PAVANI, C.; DEUTSCHER, J. A.; LÓPEZ, S. M. *Plano de negócios*: planejando o sucesso do seu empreendimento. Rio de Janeiro: Lexikon, 1997.

PINSON, L.; JINNETT, J. *Anatomy of a business plan*. New Hampshire: Upstart, 1996.

RAMAL, A. C. et al. *Construindo planos de negócios*: todos os passos necessários para planejar e desenvolver negócios de sucesso. Rio de Janeiro: Campus, 2001.

ROSA, C. A. *Como elaborar um plano de negócio*. Belo Horizonte: Sebrae/MG, 2004.

TACHIZAWA, T.; FARIA, M. de S. *Criação de novos negócios*: gestão de micro e pequenas empresas. São Paulo: FGV, 2002.

WILLIAMS, E. E.; THOMPSON, J. R.; NAPIER, H. A. *Plano de negócios*: 25 princípios para um planejamento consistente. São Paulo: Publifolha, 2002.

Qual a Importância?

Pelas considerações tecidas sobre o que é um plano de negócios, no capítulo 1, antecipou-se muito sobre sua importância — o que era inevitável, já que o conceito de qualquer coisa passa pela sua função, pelo seu objetivo, pela sua utilidade, etc. Mas este tópico foi aberto, ou separado do anterior, por entendermos ser muito importante enfatizar o porquê do plano de negócios.

O professor Idalberto Chiavenato (2005), no livro intitulado *Empreendedorismo: dando asas ao espírito empreendedor*, apresenta uma analogia bastante interessante, que representa bem o papel do plano de negócios:

> É como se você quisesse fazer uma longa viagem de carro por vários estados do país: você precisa de um roteiro, de um mapa detalhado, de um projeto e de um cronograma para guiá-lo nessa empreitada. No caso da abertura de um negócio, a viagem é bem mais longa e complicada, além de estar sujeita a problemas de travessia, chuvas e trovoadas. O roteiro do plano de negócio não elimina os possíveis erros, mas ajuda a enfrentá-los e a direcionar melhor os seus esforços. (CHIAVENATO, 2005, p. 128)

Claro está que o conceito-chave do plano de negócios é o planejamento. Planejar evita que alguém se arrisque em um "mundo novo" somente com o entusiasmo. A motivação é importante, mas não se sustenta sozinha. Infelizmente, o ato de planejar não está enraizado na cultura do brasileiro. É óbvio que há pessoas que tiveram sucesso no negócio sem que o tenham planejado, assim como há quem tenha ganhado na loteria (BANGS JR., 1998). Mas são casos raros.

Segundo o estudo "Global Entrepreneurship Monitor 2019/2020" (GEM), conduzido no Brasil pelo Instituto Brasileiro da Qualidade e Produtividade (IBPQ) em parceria com o Serviço Brasileiro de Apoio às Micro e Pequenas Empresas (Sebrae), sob coordenação internacional da Global Entrepreneurship Research Association (Inglaterra), do Babson College (EUA), da London Business School (Inglaterra) e da Korea Entrepreneurship Foundation (Coreia do Sul), em 2019, a taxa de empreendedorismo total no Brasil foi de 38,7% (a segunda mais alta da série histórica). Ou seja, cerca de 53,4 milhões de pessoas entre 18 e 64 anos estavam à frente de alguma atividade de empreendedorismo, seja em na criação de novo negócio (23,3%) ou na consolidação ou geração de esforços para manutenção de negócios já estabelecidos (16,2%).

A mesma pesquisa aponta a motivação que levou o brasileiro a empreender: para 88% dos empreendedores, a escassez do emprego constitui uma das razões para empreender. Ou seja, a motivação é bastante alinhada ao entendimento de empreender por necessidade e não por oportunidade, presente nas pesquisas anteriores (IBPQ, 2020)[1].

Em estudo realizado pelo Sebrae (2016), verificou-se que a taxa de mortalidade das empresas brasileiras constituídas em 2012 e com até dois anos de atividade foi de 23,4%. É uma taxa elevada, mas que vem diminuindo: a taxa para empresas nascidas em 2008 foi de 45,8% (SEBRAE, 2016). Um dos motivos do alto índice de "mortalidade infantil", pode-se intuir, está relacionado à motivação do ato de empreender.

Nesse sentido, a existência do plano de negócios, feito devidamente, diminui a probabilidade de morte precoce dos empreendimentos, uma vez que parte dos riscos é prevista durante sua elaboração. Mesmo que a motivação para empreender não seja a ideal, a vocação ou a descoberta de oportunidades, com o planejamento, se identificaria a viabilidade ou não do negócio.

Por certo, não se pode atribuir a um único fator a causa do fechamento das empresas, pois isso está associado a um conjunto de motivos que, à medida que se acumulam, elevam a probabilidade de o negócio ser malsucedido. Mas há evidências de que a falta de planejamento seja um desses fatores: em pesquisa realizada pelo Sebrae/SP (2001), identificou-se que a falta de planejamento antes da abertura da empresa contribui para seu falecimento precoce, e Dornelas (2001) faz referência a uma pesquisa realizada com ex-alunos de Administração da Harvard Business School (EUA), cuja conclusão foi a de que fazer um plano de negócios aumenta em 60% a probabilidade de sucesso dos negócios.

Na pesquisa realizada pelo Sebrae (2016), é evidenciado que empresas ativas se diferenciam de empresas inativas em relação à motivação para empreender — maior

---

[1] Para mais informações, consulte o site do GEM (www.gemconsortium.org).

proporção do que constituíram o negócio porque identificaram oportunidade — e ao esforço com o planejamento antes de abrir a empresa (média de 11 meses ante 8 meses).

Pode-se dizer que elaborar um plano de negócios ajuda a encontrar o melhor caminho para o futuro da empresa: ao fazê-lo, adquire-se conhecimento do empreendimento e do mercado no qual se está inserido, potencializando a chance de que os melhores resultados sejam atingidos.

O plano de negócios serve para tornar sonhos em realidade de maneira racional e objetiva, a fim de diminuir riscos e incertezas inerentes às ambições que se tem. Se utilizado sabiamente, os erros podem restringir-se ao papel.

Dornelas (2001, p. 93) alerta: "Não basta apenas sonhar, deve-se transformar o sonho em ações concretas, reais, mensuráveis. Para isso, existe uma simples, mas para muitos tediosa, técnica de se transformar sonhos em realidade: o planejamento".

Se, mesmo com tudo que foi dito, você ainda não tiver sido convencido da importância do planejamento, coloca-se aqui um argumento extra, uma frase de Anthony Robbins: "Engraçado, costumam dizer que tenho sorte. Só eu sei que quanto mais me preparo, mais sorte tenho".

Referências

BANGS Jr., D. H. *The business planning guide*: creating a plan for success in your own business. New Hampshire: Upstart, 1998.

CHIAVENATO, I. *Empreendedorismo*: dando asas ao espírito empreendedor. São Paulo: Saraiva, 2005.

DORNELAS, J. C. A. *Empreendedorismo*: transformando ideias em negócios. Rio de Janeiro: Campus, 2001.

IBPQ. *Empreendedorismo no Brasil 2019*: relatório executivo. Curitiba: IBPQ, 2020.

SEBRAE. *Sobrevivência das empresas no Brasil*. Brasília: Sebrae, 2016.

SEBRAE/SP. *Sobrevivência e mortalidade das empresas paulistas de 1 a 5 anos*: relatório final. São Paulo: Sebrae/SP, 2001.

CAPÍTULO 3

Qual a Estrutura?

Antes de dar início à parte prática, importa fazer uma ressalva: não existe uma única e melhor maneira de elaborar um plano de negócios, como uma espécie de "fórmula mágica". Pode-se, entretanto, sugerir que seja feito com profundidade no uso das informações e, principalmente, que o entusiasmo seja utilizado para executar a elaboração do plano e não nas suas informações, pois elas devem ser aproximadas ao máximo da realidade. Por isso, frases de efeito e números rechonchudos, se fora da realidade, são um péssimo negócio, posto que, se for construído com irrealidades, apontará para um caminho igualmente irreal.

Os planos de negócios apresentados em livros e softwares são bastante semelhantes entre si, diferenciando-se em detalhes. O plano de negócio não é um documento rígido nem burocrático, tampouco tem um escopo único, adequado para todo tipo de negócio. Por outro lado, há conteúdos mínimos que devem ser considerados para a maioria dos empreendimentos. Este estudo se atém a eles.

Existem basicamente três tipos de plano de negócios (JIAN, 1997): operacional, utilizado internamente, a fim de alinhar os esforços dos diretores, gerentes e funcionários em direção aos objetivos estratégicos da empresa; completo, utilizado quando se pretende passar uma visão integral do empreendimento; e resumido, utilizado quando se pretende apresentar uma parte específica do negócio ou chamar a atenção de um investidor em potencial, por exemplo, para que solicite o plano de negócios completo.

Em complemento, acrescenta-se que o plano de negócios — como visto quando o conceituamos — pode objetivar a abertura, a expansão ou a manutenção de um negócio.

O Quadro 1, logo a seguir, apresenta a estrutura do plano de negócios utilizada neste livro (cada seção elencada abaixo comporta diversas subseções, que variam de acordo com a profundidade do plano).

Quadro 1 – Estrutura básica de plano de negócios

SEÇÃO	DESCRIÇÃO
Sumário Executivo	Mostra uma síntese de todo o conteúdo do plano de negócios.
Descrição da Empresa	Apresenta a estrutura de funcionamento legal e operacional do empreendimento.
Plano de Marketing	Expõe a análise do mercado competitivo e a definição da estratégia a ser executada pela empresa.
Plano Financeiro	Indica as projeções financeiras e mostra a análise de viabilidade do negócio.
Plano de Risco	Identifica os riscos que podem afetar o empreendimento e informa as ações que serão adotadas em respostas aos riscos identificados.
Plano de Implementação	Trata do cronograma de execução da implantação do empreendimento.

Na Parte II do livro se discorrerá adequadamente sobre cada uma das seções apresentadas (Quadro 1). Esclarece-se que a sequência em que serão abordadas privilegiou o "ordenamento de elaboração", em detrimento do "ordenamento de apresentação física ou de impressão" do plano de negócios.

Por essa razão, o plano de marketing será o primeiro item a ser discutido, haja vista "orientar" a elaboração das demais seções do plano de negócios; e o sumário executivo será o último item a ser abordado, apesar de ser o primeiro no ordenamento físico do plano de negócios, a julgar por sua elaboração depender das demais seções do plano.

Veja, na Figura 2, os ordenamentos de impressão e de elaboração de plano de negócios.

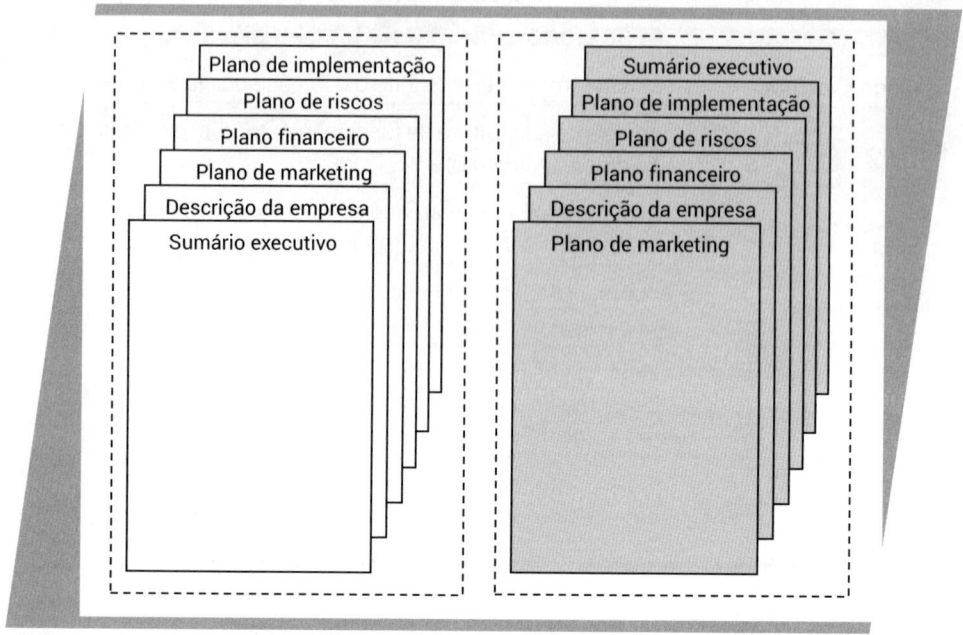

Figura 2 – Ordenamentos de plano de negócios: impressão e elaboração

É muito comum o uso de softwares na elaboração de plano de negócios, principalmente na preparação do plano financeiro, pela agilidade, já que basta preencher determinados campos para que os cálculos sejam feitos automaticamente e com precisão.

As demais partes, como têm formatos rígidos nos softwares, nem sempre são utilizadas. Tal uso depende da adequação do software à necessidade do usuário.

Podem-se citar, a título de exemplos, alguns softwares para elaboração de plano de negócios (Quadro 2).

Quadro 2 – Softwares para elaboração de plano de negócios

SOFTWARE	PROPRIETÁRIO
Profit	Lacruz & Pissinati
Business Plan Pro	Palo Alto Software
Bizplan Builder	Jian
Make Money	Starta
SP Plan	Sebrae/SP e FIESP
Plano de Negócios	Sebrae/MG
Empreenda	Iopen & B2ML
Smart Business Plan	Individee GmbH

O software Profit, que acompanha este livro, tem a mesma estrutura do plano de negócios sugerida nesta obra.

Referência

JIAN. *Handbook of business planning*: Bizplan builder interactive. JIAN Tools. Mountain View CA, 1997.

Como Avaliar um Plano de Negócios?

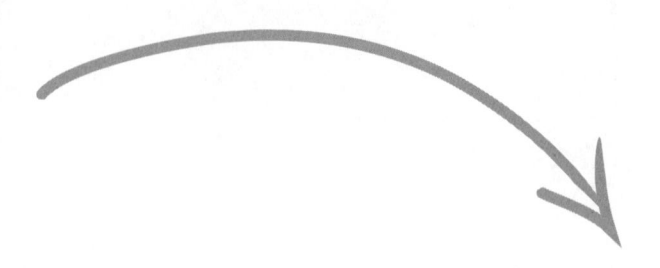

Antes de tratar sobre as seções de um plano de negócios, é oportuno abordar sobre a sua avaliação, no intuito de permitir ao empreendedor evitar que alguns erros sejam cometidos.

Apresentam-se algumas "doenças" de planos defeituosos, seus respectivos "sintomas", bem como a forma de "curá-las" no Quadro 3.

Quadro 3 – Plano de negócios: doenças, sintomas e curas

DOENÇAS	SINTOMAS	CURAS
1. Metas irreais	Metas são vagas; gerais. Não são específicas, mensuráveis ou vinculadas a prazos. Falta de submetas e passos para a ação. Orientado para atividade, não para resultados.	Estabeleça metas específicas, com prazos, submetas e passos para a ação. Não perca de vista o objetivo final. Seja oportunista ao perseguir as metas.
2. Incapacidade de antever resultados	Otimismo excessivo. Falta de estratégias alternativas. Conflitos não identificados. "Não se preocupe, eu pensei sobre isso." Fracasso no cumprimento de prazos. Não procura apoio quando precisa. Crises prevalecem.	Seja flexível no planejamento, na antecipação de obstáculos e na forma de superá-los. Enfrente obstáculos não previstos com confiança, eles sempre existirão. Peça a alguém para fazer *brainstorming* com você: o que pode dar errado e ser um obstáculo? O realismo é a chave.
3. Falta de pontos de controle, de indicadores e de acompanhamento da evolução do negócio	"Isso pode esperar", "Eu controlo isso de cabeça", "Eu saberei como estou indo quando chegar lá — vamos tocar de ouvido". Não sabe realmente como está indo. Orientação para curto prazo. Nenhuma revisão recente do plano.	Estabeleça indicadores e datas de avaliação da evolução do negócio. Reveja-as quando necessário. Pergunte-se a cada dia: o que aprendi que irá me ajudar a progredir mais rapidamente?

DOENÇAS	SINTOMAS	CURAS
4. Falta de compromisso	"Eu disse que isso não daria certo — não era o meu plano." Adiamentos. Foco nas rotinas diárias. Incapacidade de atingir as metas e de cumprir prazos.	Negocie e trabalhe sempre em conjunto: metas e avaliações, informações e dados, compromissos. Reúna-se periodicamente e analise o andamento.
	Falta de prioridades. Não comparecimento a reuniões e a compromissos.	Encoraje discussões informais com a equipe, para testar e renovar o comprometimento. Mantenha a equipe informada sobre os resultados obtidos. Reconheça e recompense os desempenhos de alto nível.
5. Incapacidade de revisar metas e objetivos	O plano nunca muda, falta flexibilidade. Inflexibilidade ou teimosia diante de mudanças apontadas por *feedback*. Não procura ajuda quando necessário. Tempo perdido em tarefas improdutivas. As atividades não atendem às metas prioritárias.	Faça uma revisão periódica das metas em conjunto. Mude o enfoque ou a ênfase apropriadamente. Crie um clima tolerante às más notícias e incite críticas construtivas e *feedback*.
6. Incapacidade de aprender pela própria experiência	Perda de vista das metas. Erro é repetido. *Feedback* é ignorado ou negado. Mesma rotina — crises idênticas às anteriores. Falta de disposição para mudar a maneira de fazer as coisas. Não se pergunta: "O que temos aprendido com base em nossa experiência?"	Melhore os objetivos com base no aprendizado pela experiência. Estabeleça pontos de controle e reavalie-os periodicamente. Documente, ao fim de um projeto, de um plano, de um *benchmarking* e de cursos, as novidades. Pergunte-se: "O que aprendemos?". Seja flexível diante de imprevistos.
		Um novo negócio é cheio de surpresas. Concentre-se na produção de resultados, e não nos relatórios.

Fonte: Timmons (1994, [s.p.]) *apud* Dolabela (1999, p. 210-211).

Acrescenta-se que, ao concluir o plano de negócios, é aconselhável revê-lo com senso crítico, a fim de medir solidez, consistência e mérito. Esses requisitos são avaliados, por exemplo, por órgãos de fomento. O resultado dessas avaliações determina a aprovação e, consequentemente, a concessão ou rejeição de crédito — que são, portanto, excelentes indicadores de qualidade de planos de negócios.

Pode-se dizer que um plano de negócios tem solidez se ele não tem erros fundamentais e incoerências nas suas conclusões. Normalmente, a análise de solidez é a primeira avaliação realizada. Buarque (1984) aponta os seguintes erros como principais:

- Capital social incompatível com os investimentos projetados;
- Localização não viável devido à inexistência de matéria-prima, legislação proibitiva, inacessibilidade, etc.;
- Nível de produção/comercialização incompatível com o estudo de mercado;
- Incoerências internas entre custos e receitas e demais etapas;
- Rentabilidade incompatível com os níveis normais da economia.

Depois de analisada a solidez, procede-se a avaliação da consistência do plano de negócios. A consistência refere-se à confiabilidade das fontes de dados utilizados e à correção da metodologia empregada.

É preciso garantir que as análises feitas utilizaram dados seguros. Se for feita pesquisa de campo, deve-se garantir que os requisitos estatísticos sejam respeitados. Se forem utilizados dados secundários — o que ocorre na maioria dos casos, pois nem sempre o empreendedor de pequenos negócios tem o investimento necessário para fazer uma pesquisa de campo digna de confiança —, devem-se usar fontes respeitadas, sob as quais não paire dúvidas.

Citam-se como exemplo de fonte de dados secundários confiáveis: IBGE (Instituto Brasileiro de Geografia e Estatística, Ipea (Instituto de Pesquisa Econômica Aplicada), Bacen (Banco Central do Brasil), Sebrae (Serviço Brasileiro de Apoio às Micro e Pequenas Empresas), Fundações de Amparo à Pesquisa (Fapesp, Faperj, Fapemig, Fapes etc.), universidades de notória qualidade, etc.

Além disso, as técnicas de levantamento e de tratamento dos dados devem ser cuidadosamente definidas e empregadas.

Passada essa etapa, avalia-se o mérito do projeto. Para Buarque (1984):

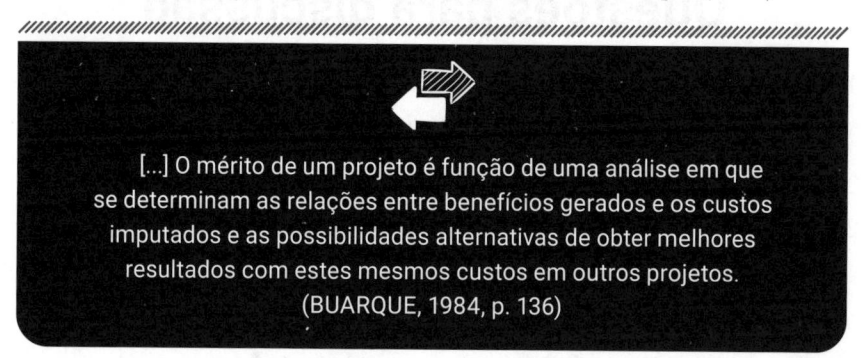

> [...] O mérito de um projeto é função de uma análise em que se determinam as relações entre benefícios gerados e os custos imputados e as possibilidades alternativas de obter melhores resultados com estes mesmos custos em outros projetos.
> (BUARQUE, 1984, p. 136)

Buarque (1984) ainda ensina que há três espécies de determinação do mérito: financeira, econômica e social. A primeira é utilizada pela perspectiva privada; as três, pelos órgãos de fomento, dos quais as empresas privadas solicitam financiamento.

O mérito financeiro (rentabilidade privada), sobre o qual se discorrerá mais profundamente no capítulo 9, refere-se ao retorno que o projeto gerará sobre o capital que se vai investir; já o mérito econômico diz respeito ao impacto do projeto sobre o conjunto da sociedade vista como um todo e, por fim, o mérito social, ao efeito distributivo do projeto sobre a renda social.

Referências

BUARQUE, C. *Avaliação econômica de projetos*: uma apresentação didática. Rio de Janeiro: Campus, 1984.

DOLABELA, F. *Oficina do empreendedor.* São Paulo: Cultura, 1999.

Questões para discussão

1. Questione! Por que o empreendedor deve elaborar um plano de negócios e avaliá-lo antes de decidir sobre a viabilidade do negócio que pretende constituir ou expandir?

2. Identifique uma oportunidade de negócio na região em que vive: algo que as pessoas e/ou as empresas desejam e que não exista na região ou que haja em quantidade ou qualidade inferior à desejada;

3. Discuta as razões de a taxa de mortalidade de novos negócios — entre as microempresas e empresas de pequeno porte — ser elevada no Brasil;

4. Procure um empreendedor que você conheça e entreviste-o acerca das razões de sucesso e insucesso de empreendimentos nascentes.

PLANO DE NEGÓCIOS PASSO A PASSO

PARTE 2

Capítulo 5
MODELAGEM DE NEGÓCIO
1. Orientar o processo de moldar e formalizar a ideia relacionada à oportunidade de negócio identificada.

Capítulo 6
CHECKLIST INICIAL PARA ELABORAÇÃO DE PLANO DE NEGÓCIOS
2. Identificar as informações-chave para a elaboração de um bom plano de negócios.

Capítulo 7
PLANO DE MARKETING
3. Apresentar um instrumento de autoavaliação do conhecimento que se tem acerca do empreendimento que se pretende constituir.

Capítulo 8
DESCRIÇÃO DA EMPRESA
4. Explicar cada seção que compõe o escopo do plano de negócios proposto.

Capítulo 9
PLANO FINANCEIRO
5. Expor os principais critérios de avaliação de plano de negócios.

Capítulo 10
PLANO DE RISCO

Capítulo 11
PLANO DE IMPLEMENTAÇÃO

Capítulo 12
SUMÁRIO EXECUTIVO

QUESTÕES PARA DISCUSSÃO

CAPÍTULO 5

Modelagem de Negócio

Everton Assis Cunha

Administrador, especialista em gestão de novos negócios e mestre em Administração

Este capítulo é uma tentativa de auxiliar empreendedores na jornada de concepção dos seus negócios ou de novas ideias de produtos/serviços. Centrado no esforço de modelagem, o conteúdo oferece ferramentas, técnicas, estratégias, abordagens, etc., indicadas para o desenvolvimento de soluções ajustadas aos respectivos mercados-alvo.

Sem a pretensão de esgotar o tema, este capítulo busca apresentar, de maneira clara e objetiva, possíveis caminhos para a modelagem de negócios baseada no tripé: otimização de tempo; minimização de riscos; e exequibilidade de ideias.

Espero que goste. Boa leitura!

Modelagem versus plano de negócio

Modelar um negócio (ou uma ideia de negócio!) é diferente de planejar e testar a viabilidade de um empreendimento. A despeito de tanto a primeira quanto a segunda serem indicadas para a criação, manutenção ou expansão de um dado negócio, ambas as ações geram documentos distintos, que desempenham diferentes papéis no planejamento organizacional.

Como dito nos capítulos anteriores deste livro, o plano de negócio tem como finalidade precípua realizar o planejamento detalhado de um dado projeto.

Já a modelagem do negócio é o processo de moldar e formalizar a ideia relacionada à oportunidade identificada. Ela auxilia, orienta ou guia o empreendedor na formatação do negócio, conduzindo-o a refletir e a deliberar sobre os principais aspectos organizacionais da sua solução.

Em resumo, enquanto a modelagem objetiva testar a exequibilidade da ideia, o plano de negócio tem como finalidade testar a viabilidade do empreendimento.

A modelagem e o plano de negócio não são, portanto, mutuamente excludentes, sendo, pelo contrário, complementares no planejamento de organizações que buscam minimizar riscos e aproveitar as oportunidades identificadas em seu ambiente de negócios.

Recomenda-se que a modelagem integre o planejamento e seja preferencialmente realizada no início do processo empreendedor[1], visto ser ela fundamental no entendimento, na definição e na construção daquilo que será, *a posteriori*, planejado de maneira detalhada no plano de negócio.

O exercício da reflexão crítica, promovido pela modelagem, sobre as questões-chave relacionadas à concepção da ideia de negócio/solução possibilita ao empreendedor identificar as fragilidades e as potencialidades da sua ideia, bem como vislumbrar caminhos e ações essenciais ao sucesso do empreendimento que se deseja conceber.

Durante a modelagem do negócio, o empreendedor precisará refletir e deliberar sobre diferentes questões, tais como: que valor deverá entregar ao futuro cliente? Quais canais precisará ativar para se relacionar com ele? Quais recursos são chave para cumprir a proposta de valor do negócio? Que parcerias deverá estabelecer?, entre outras.

Ao final do processo de modelagem, o empreendedor poderá declinar da sua ideia, caso identifique nela poucas potencialidades e/ou muitas fragilidades ou barreiras que julga serem intransponíveis naquele contexto e/ou situação em que a modelagem se baseia.

Por outro lado, caso a modelagem aponte para a exequibilidade da ideia, o empreendedor poderá dar o próximo passo em seu planejamento, investindo tempo e energia na construção do plano de negócio.

Modelagem na prática

A modelagem é normalmente executada por meio de ferramentas, sendo o Business Model Canvas – BMC[2] (OSTERWALDER e PIGNEUR, 2011), a mais usual delas. Em função disso, essa abordagem sobre modelagem de negócios tem como objeto de análise o Canvas do Modelo de Negócios desenvolvido pelos autores supracitados.

O Canvas proposto por Osterwalder e Pigneur admite que a formatação dos negócios pode ser moldada por meio do preenchimento de um único quadro ou plano, a partir da articulação e da interligação dos nove aspectos-chave que compõem o sistema de um

---
1 Sobre processo empreendedor consulte Dornelas (2001, p.41-45).
2 Veja mais sobre o Business Model Canvas em Clark, Hazen e Pigneur (2018).

negócio, cujas conexões e inter-relações ficam expostas no quadro, visualmente acessíveis aos elaboradores e demais públicos de interesse do documento.

A ferramenta deve ser utilizada com vistas a promover a efetiva expressão das ideias e a otimização dos espaços que integram seus nove quadrantes. Por isso, essa elaboração se dá à luz de esquemas visuais baseados em cores e textos, que tornam as interligações entre os seus aspectos claras e proporcionam ao Canvas riqueza, flexibilidade e simplicidade de compreensão. Para tanto, ele precisa ser preenchido utilizando-se asserções curtas, claras e objetivas, normalmente executadas por meio de post-its[3] coloridos. A elaboração exige um elevado poder de síntese!

Oportuno destacar ser essa uma ferramenta de design estratégico, útil na construção da visão de longo prazo[4] e importante na exploração colaborativa de novas ideias. Ela pode ser elaborada na versão impressa ou em nuvem, utilizando-se ferramentas online como a do Sebrae[5].

É bastante recomendável que o Canvas, quando feito online, esteja disponível para consulta no interior da organização, para que os colaboradores possam criticá-lo, ampliar a própria visão sobre as estratégias do negócio e sugerir ideias relevantes aos objetivos estratégicos organizacionais, enriquecendo a modelagem. Para tal, a exposição física do plano pode ocorrer no quadro de avisos da empresa, na parede da sala destinada ao cafezinho ou em qualquer outro espaço a que seu público de interesse tenha acesso e condições de interagir com ele. Aconselha-se ainda que a empresa mantenha ao lado do Canvas material (caneta, post-it, etc.) para registro das observações, dúvidas e ideias dos colaboradores, a fim de dar efetividade ao uso da ferramenta.

Como observa-se na Figura 3, os nove elementos-chave que integram o Canvas do modelo de negócio estão organizados ainda em quatro blocos. São eles:

1. Quem? — aborda o alvo da oferta;

2. O quê? — foca no que será ofertado em termos de valor para o cliente;

3. Como? — tem relação com como valor será entregue ao cliente;

4. Quanto? — concentra-se nas fontes de custos e de receitas.

---

3 Mesmo nas plataformas digitais, o uso de recursos análogos aos post-its é incentivado, tal como no www.sebraecanvas.com.br.
4 Sobre ferramentas visuais, veja Biolchini *et al.*, (2012).
5 (www.sebraecanvas.com).

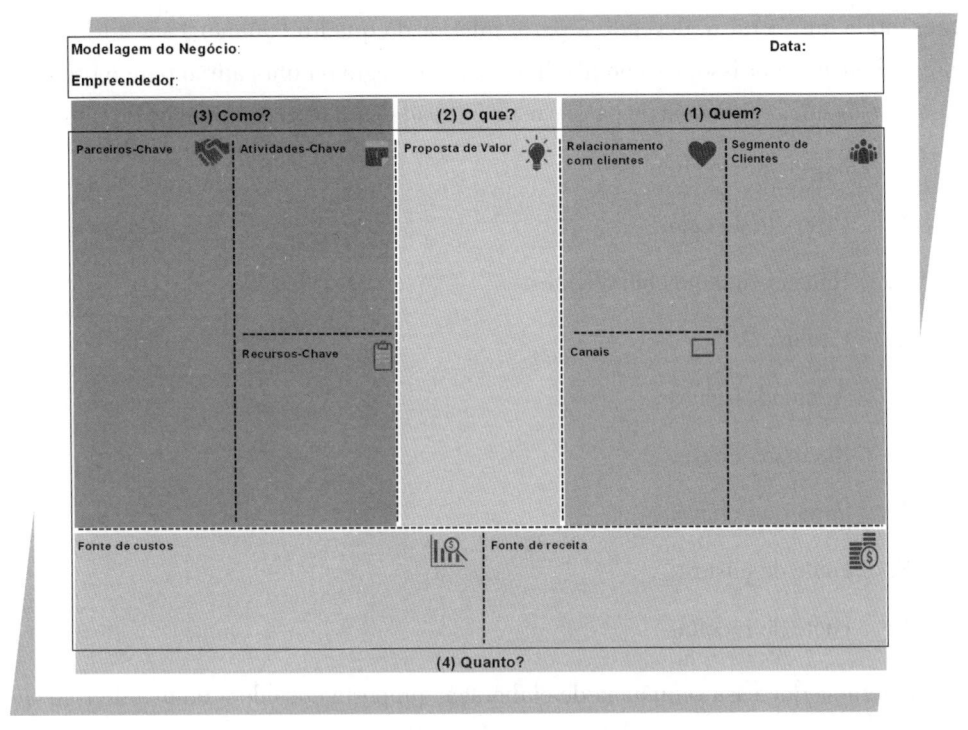

Figura 3 – Business Model Canvas
Fonte: Adaptado de Osterwalder e Pigneur (2011, p. 44).[6]

Caso opte por realizar a modelagem em arquivo impresso, o empreendedor poderá desenhar seu próprio Canvas, tendo como base o modelo da figura anterior, ou baixar na internet[7] um arquivo em branco para posterior impressão.

Sequência de elaboração

O Canvas foi estruturado observando-se a divisão natural do cérebro humano, cujo lado direito está ligado às emoções, enquanto o esquerdo é inclinado à razão.

Outra importante questão ligada à ordem de preenchimento do Canvas repousa no fato do quadro ter sido organizado observando-se também a sequência comum de análises e decisões ao longo do processo de modelagem de uma ideia.

Em função da organização e disposição dos nove elementos que integram o Canvas, recomenda-se que a construção ocorra preferencialmente da direita para a esquerda,

---

6 A ferramenta também está disponível no site www.businessmodelgeneration.com.
7 Faça download do arquivo em www.info.endeavor.org.br/ferramenta-business-model-canvas.

no sentido anti-horário, devendo a parte inferior do quadro (Quanto?) ser a última no preenchimento. Por isso, mesmo não havendo uma regra ou um padrão para o processo de modelagem, a sequência de passos mais indicada para o preenchimento do Canvas é:

1. Segmento de clientes;
2. Proposta de valor;
3. Relacionamento com clientes;
4. Canais;
5. Atividades-chave;
6. Recursos-chave;
7. Parcerias-chave;
8. Fonte de custos;
9. Fonte de receitas.

Reitera-se que essa sequência de elaboração proposta considera tanto a divisão cerebral supracitada quanto a ordem comum de análises e decisões voltadas à articulação e integração dos nove aspectos-chave do negócio, no qual o ponto de partida normalmente é a identificação de um segmento de clientes com um problema a ser solucionado.

Detalhamento da modelagem

Antes de avançar sobre o preenchimento de cada aspecto do Canvas, faz-se necessário reforçar que sua construção deve se basear totalmente em esquemas visuais, que podem (e devem!) ser detalhados e alinhados por meio do emprego de cores, tornando as conexões entre os quadrantes claras e de fácil localização e compreensão.

Observando a ordem de elaboração do Canvas, citada no item anterior deste capítulo, a partir deste ponto, será detalhado como cada um dos nove aspectos-chave da ferramenta devem ser preenchidos.

Segmento de clientes

O primeiro passo na modelagem do negócio é preencher o espaço intitulado Segmento de clientes.

Após identificar e selecionar o público-alvo[8], por meio de estratégias de segmentação[9], o empreendedor deverá buscar compreender seu segmento-alvo, levantando informações sobre perfil, preferências, hábitos, estilo de vida, etc. Empatizar é fundamental nesse momento!

Nos casos em que o empreendedor selecionar mais de um público para atuar, deverá empatizar com cada segmento-alvo escolhido e identificá-los por meio de diferentes cores para dispor no Canvas. Vale lembrar que na modelagem é fundamental explorar ao máximo o uso de esquemas visuais capazes de promover clareza e objetividade ao plano.

Nessa etapa, o preenchimento da ferramenta exigirá respostas para perguntas como: para quem estamos criando valor? Quem são os segmentos de clientes mais importantes? Qual a necessidade/desejo do público-alvo? Onde os componentes desse público estão localizados? Por quais valores os clientes estão realmente interessados em pagar? Como eles estão pagando atualmente? Como eles gostariam de pagar? Quais são os medos, dores e riscos associados à compra, utilização, descarte ou revenda? Entre outras.

A busca pelas respostas para essas e demais questões exige que o empreendedor tenha empatia com o público selecionado, explorando-o profundamente e buscando conhecer seu mundo e todos os fatores ligados ao seu processo de decisão de compra[10]. Assim será possível verificar como, e se, a solução a ser desenvolvida na proposta de valor se encaixará nas necessidades dos clientes estudados, resolvendo o problema identificado junto a eles.

---

8 Sobre seleção de marcados-alvo, consulte Hooley, Piercy e Nicoulaud (2011, cap. 8 – 9).
9 Leia mais sobre segmentação de mercado em Evans (2005, cap. 10) ou Dias (2005, cap. 2).
10 Para saber mais sobre comportamento do consumidor, consulte Solomon (2016).

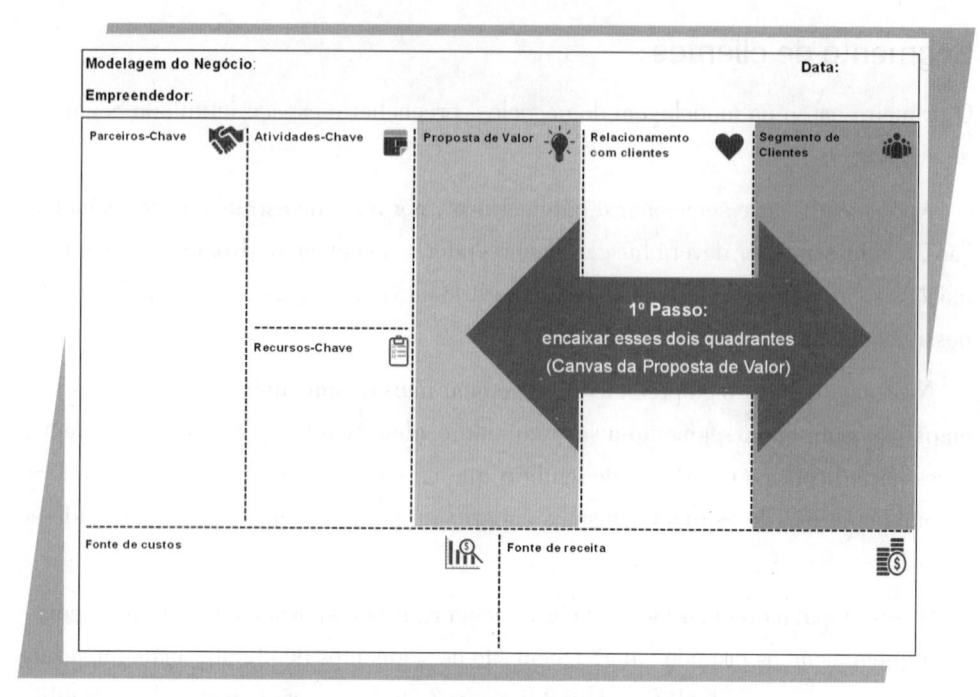

Figura 4 – Derivação do Value Proposition Canvas
Fonte: Adaptado de Osterwalder (2011, p.44).

Para operacionalizar o exercício de empatia no processo de modelagem, indica-se a ferramenta Value Proposition Canvas (Canvas da Proposta de Valor). Simples de entender e de utilizar, ela foi desenvolvida também por Alexander Osterwalder com vistas a detalhar os dois quadrantes iniciais (Figura 4) do Business Model Canvas, em função do autor entender que ter uma proposta de valor clara e ajustada ao problema identificado é essencial ao processo de modelagem do negócio.

Nesse sentido, o Canvas da proposta de valor deve ser usado no início da modelagem, como ferramenta complementar ao **Business Model Canvas**, auxiliando no mapeamento, reflexão e definição da proposta de valor a ser ofertada ao público-alvo do negócio.

O objetivo precípuo deve ser o de aumentar a possibilidade de se criar o melhor encaixe entre a solução e o problema/segmento, conforme Figura 5.

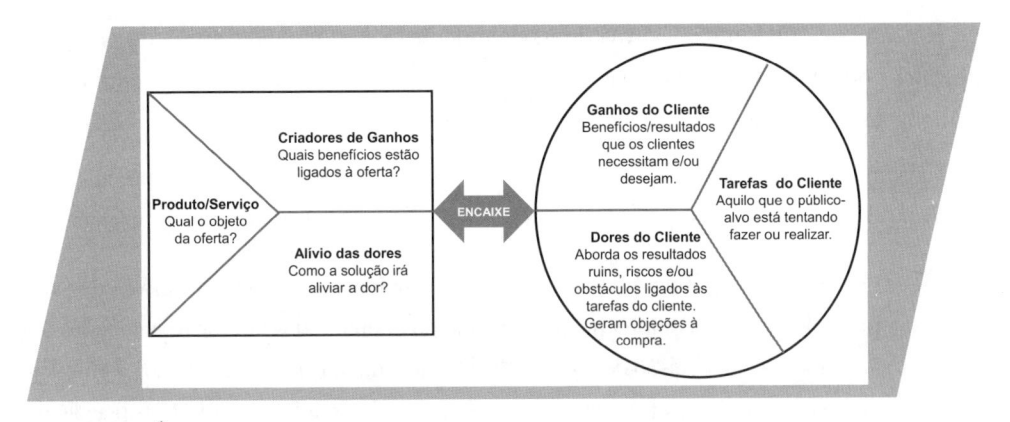

Figura 5 – Detalhamento do Value Proposition Canvas
Fonte: Adaptado de Osterwalder.

O preenchimento também deve ocorrer da direita para a esquerda (Figura 6), pois, conforme dito anteriormente, o empreendedor deverá iniciar o processo de modelagem empatizando com seu público-alvo o suficiente para identificar um problema real (oportunidade) a ser resolvido e para propor uma solução que satisfaça as necessidades/desejos dos clientes.

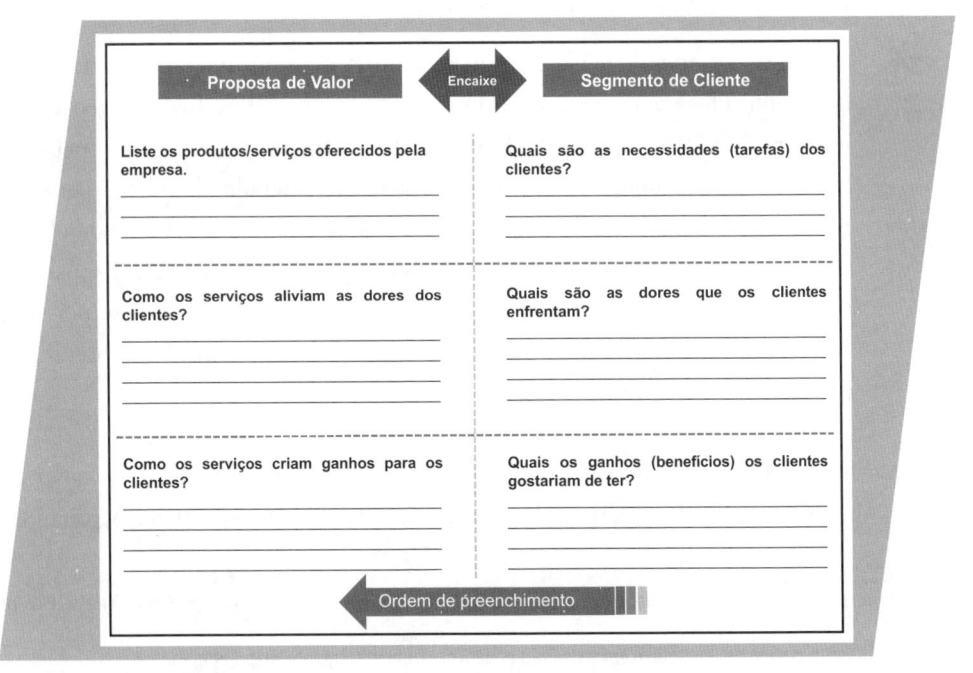

Figura 6 – Esquema de preenchimento do Value Proposition Canvas
Fonte: Adaptado de Osterwalder.

Ressalta-se que tanto o Canvas do modelo de negócio quanto o Canvas da proposta de valor podem ser empregados no refinamento de um produto/serviço existente ou na elaboração de uma oferta a ser desenvolvida do zero.

Existem ainda outras formas[11] que podem ser utilizadas na busca pela compreensão do segmento-alvo e dos fatores que interferem nas suas decisões de consumo, quais sejam:

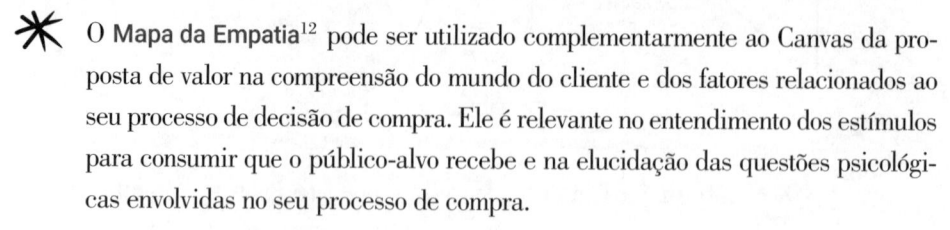

* O **Mapa da Empatia**[12] pode ser utilizado complementarmente ao Canvas da proposta de valor na compreensão do mundo do cliente e dos fatores relacionados ao seu processo de decisão de compra. Ele é relevante no entendimento dos estímulos para consumir que o público-alvo recebe e na elucidação das questões psicológicas envolvidas no seu processo de compra.

* A **Jornada do Cliente**[13] é o desenho do processo que abrange desde o primeiro contato de um consumidor com a empresa até a etapa de pós-venda e utilização da solução (VIANNA *et al.*, 2012). Identificá-la corretamente será importante na compreensão da rotina do público-alvo e dos seus hábitos de aquisição e consumo ou utilização de produtos/serviços. Ela é fundamental na identificação do conjunto de ações de conscientização e sensibilização, que influenciarão a decisão de compra do cliente.

* A **Persona** é uma espécie de personagem fictício ou uma síntese do perfil do cliente ideal para a empresa (VIANNA *et al.*, 2012; LEWRICK, LINK e LEIFER, 2019), desenvolvida com base em informações sobre o comportamento de consumidores com perfis extremos, coletadas junto aos usuários reais. Como demanda uma ampla base de dados/informações para sua elaboração, poderá ser desenvolvida nos casos em que o empreendedor dispuser de tempo e condições de aprofundar a pesquisa sobre a clientela-alvo, pois sua elaboração exige um estudo qualificado do público, geralmente empreendido por meio de pesquisa do tipo exploratória e/ou descritiva[14].

Uma forma alternativa de criar personas eficientes é desenvolvê-las por meio do Canvas do Perfil do Usuário, elaborado por Lewrick, Link e Leifer (2019). A principal

---

11 Veja mais sobre a elaboração do mapa da empatia, da jornada do cliente e de personas em Vianna *et al.* (2012, p. 80-85).
12 Faça também o download do arquivo em www.info.endeavor.org.br/ferramenta-mapa-empatia.
13 Saiba mais em Lewrick, Link e Leifer (2019). Outra perspectiva, você encontra em www.endeavor.org.br/vendas/jornada-relacionamento-cliente.
14 Para saber mais, veja Malhotra (2019, cap. 4-6), Creswell (2010, cap. 09-10) ou Parente (2005, p. 371 – 372).

função dessa ferramenta é a de auxiliar na exploração dos fatos e das questões ligadas às necessidades, características, preferências e hábitos dos usuários.

✴ **Proto-persona** refere-se a um personagem criado com base na intuição do seu desenvolvedor, utilizando-se a experiência, a observação e as evidências anedóticas mapeadas antes ou durante o processo de modelagem. Esse personagem deverá ser criado somente quando o empreendedor não dispuser de tempo e/ou recursos para empatizar suficientemente com seus clientes, realizando estudos mais qualificados e aprofundados sobre o público que o permitam elaborar a persona para o negócio.

Recomenda-se que o empreendedor elabore a persona ou a proto-persona do público-alvo para compor o quadrante Segmento de Clientes, do **Business Model Canvas**, ainda que o mapa da empatia e/ou a jornada do cliente não tenham sido elaborados.

Caso o empreendedor tenha utilizado a abordagem do **Design Thinking**[15] para identificar o problema e definir a solução a ser desenvolvida antes de iniciar a modelagem, ele poderá utilizar as informações geradas no processo para enriquecer o preenchimento do quadrante Segmento de Clientes.

EXEMPLO HIPOTÉTICO
EMPRESA DE BOLOS

Imagine que uma empresa tenha utilizado todos os meios supracitados para segmentar e estudar seu público-alvo. Considere que no quadrante Segmento de Clientes está a seguinte asserção (proto-persona): Maria e João são esportistas com idade entre 20 e 50 anos. São moradores da grande Vitória, apaixonados por bolos caseiros e adeptos da alimentação saudável. Possuem preferências distintas e consomem o produto geralmente nos lanches. Frequentam academia quase que diariamente. Vaidosos e engajados nas causas ambientais, gostam de usar as redes sociais para ver e postar fotos e histórias.

---

15 Leia mais sobre a abordagem, em Brown (2010), Vianna *et al.* (2012) ou Lewrick, Link e Leifer (2019). Você pode também fazer o download da ferramenta em www.info.endeavor.org.br/ferramenta-design-thinking.

Proposta de valor

Após preencher o campo de segmento de clientes, utilizando as ferramentas supracitadas, o empreendedor terá condições de elaborar a proposta de valor do seu negócio.

A proposta de valor servirá de base para a definição da missão do negócio, contemplada no plano ontológico da organização. Está intimamente ligada com o problema que se pretende solucionar, abrangendo os benefícios que compõem a solução (oferta). É, em última análise, uma promessa do valor a ser entregue ao cliente, delimitando com clareza, objetividade e transparência o diferencial competitivo da empresa.

As deliberações presentes neste quadrante possuem relação direta e positiva com a escolha dos clientes, pois definem o valor que eles perceberão no produto/serviço, influenciando na decisão de compra, à medida que os permite julgar a relação entre os benefícios produzidos pela solução com o esforço (financeiro, físico, tempo e psicológico) necessário à sua aquisição (DIAMANTOPOULOS, 2005).

Importante destacar que a proposta de valor está intimamente ligada à faixa de preço que o cliente estará disposto a pagar por um produto/serviço (FASTI, 2005 e DIAMANTOPOULOS, 2005), dado que percepção de valor e preço são constantemente comparados na etapa avaliação de alternativas do processo de decisão de compra do cliente.

Complementarmente, o empreendedor poderá recorrer ao Mínimo Produto Viável (**Minimum Viable Product**[16] - MVP) para testar/validar a versão comercial mínima da sua solução, junto à clientela-alvo. Fazendo isso, ele terá condições de avaliar mercadologicamente sua ideia/proposta e de identificar oportunidades de melhorias, caso existam.

O MVP é um mindset de modelagem de produtos/serviços amplamente adotado no desenvolvimento de soluções inovadoras. Seu emprego se dá numa versão contendo apenas as funcionalidades mínimas da solução idealizada, com vistas a garantir que, após lançado, o produto/serviço acabado esteja ajustado às necessidades/desejos do usuário.

É comum empresas de produtos tecnológicos[17] adotarem o MVP no desenvolvimento do seu produto. Independente do ramo de negócio, lançar a solução, ainda na sua versão beta, otimiza custos, reduz tempo de desenvolvimento e minimiza os riscos associados

---

16 Para mais, assista ao webinar "Minimum Viable Product (MVP) e Design of Experiments (DoE)", disponível no canal no YouTube do professor Adonai Lacruz, em www.youtube.com/adonailacruz. Mais informações sobre o tema estão em artigo de Daniel Modenesi no perfil do LinkedIn www.linkedin.com/pulse/minimum-viable-product-mvp-daniel-modenesi.
17 Para saber sobre o desenvolvimento de produtos tecnológicos, consulte Cagan (2020).

ao seu lançamento. Por isso, o feedback dos usuários é fundamental no processo de incremento e validação da solução.

Para cada segmento de clientes disposto no Canvas, uma proposta de valor deverá ser elaborada e marcada com a cor do seu respectivo público, criando, assim, uma identificação visual entre proposta e público-alvo.

O mesmo deverá ser feito no preenchimento de todos os outros sete aspectos do quadro de modelagem, aumentando, dessa forma, a efetividade de visualização da interconexão entre as asserções do processo. Caso alguma asserção se aplique a todos os segmentos de clientes e/ou propostas de valor, o elaborador deverá identificá-la com uma cor neutra, que se aplicará a todos os pontos em comum no quadro.

Ao final do processo, um ou mais caminhos de cores irão compor o Canvas do modelo de negócio. Isso facilitará tanto o entendimento do quadro quanto a rápida localização de conteúdo relacionado a um público/proposta.

Imagine uma empresa que tenha identificado dois diferentes segmentos de clientes, para os quais elaborou uma respectiva proposta de valor para cada. Nesse caso, o quadro terá dois caminhos identificados com cores diferentes.

Considere ainda que essa empresa manterá o mesmo tipo de relacionamento com ambos os segmentos para executar as duas propostas de valor. As deliberações apresentadas no quadrante em questão deverão ser identificadas com uma cor diferente das já usadas, sinalizando visualmente que ela representa uma asserção genérica no Canvas, que se aplica aos dois segmentos e propostas.

EXEMPLO HIPOTÉTICO
EMPRESA DE BOLOS

Dado a proto-persona descrita, a empresa hipotética optou por oferecer bolos caseiros sem conservantes, feitos com ingredientes naturais e frescos, livres de gordura trans, produzidos a partir da solicitação individual de seus clientes e embalados em caixas de papel reciclado.
Dessa forma, a empresa hipotética delineou a seguinte proposta de valor: bolos caseiros saudáveis e personalizados, ambientalmente comprometidos.

Relacionamento com clientes

Somente após ter concluído os quadrantes Segmento de Clientes e Proposta de Valor o empreendedor poderá avançar para as deliberações acerca do relacionamento com clientes. Neste aspecto será necessário definir que tipo e nível de relacionamento se manterá com os clientes para que a proposta de valor se concretize.

O relacionamento com o cliente[18] pode ser definido com caráter mais transacional, no qual o empreendedor lança mão de estratégias focadas no curto prazo e nas trocas imediatas, ou seja, nas transações que ocorrem no ponto de venda. Seu objetivo é promover trocas rápidas, maximizando a eficiência das vendas, sem se preocupar em estabelecer um relacionamento contínuo com o cliente.

Por outro lado, alguns públicos, negócios ou contextos demandarão relacionamentos mais próximos e duradouros entre a empresa e seus clientes, exigindo investimento em programas de relacionamento com horizonte temporal de médio e longo prazos, que têm como finalidade promover a retenção de clientes.

EXEMPLO HIPOTÉTICO
EMPRESA DE BOLOS

Imagine que a empresa tomada como exemplo tenha feito os seguintes apontamentos acerca do relacionamento com os clientes: manter relacionamento próximo com os clientes, desenvolvendo receitas personalizadas, orientando sobre cuidados para conservação e interagindo nas redes sociais para levantar informações sobre preferências e satisfação dos clientes e informar sobre novidades.

---

18 Leia mais sobre relacionamento com clientes em Tynan e O'Malley (2005, cap. 3). Outro ponto de vista você encontra em Hooley, Piercy e Nicoulaud (2011, cap. 14-15).

Canais

Neste item é fundamental que o elaborador do Canvas se concentre nas ações de comunicação integrada[19], que promoverão a solução/negócio, e nos canais de comunicação e disponibilização do produto/serviço. Em outras palavras, nesse quadrante são tomadas as decisões relacionadas com o P (Promoção) e o P (Praça) do mix de marketing, discutidas no capítulo 7 deste livro.

As deliberações relacionadas com a comunicação visam conscientizar e sensibilizar o público sobre a oferta e seus benefícios, enquanto as decisões sobre os canais estão voltadas a garantir que os clientes tenham acesso ao produto/serviço, após decidirem comprá-lo.

Em outras palavras, é o momento para deliberar sobre como executar a comunicação e como garantir que o cliente chegue até o produto/serviço e vice-versa.

EXEMPLO HIPOTÉTICO
EMPRESA DE BOLOS

Neste item do Canvas, considere que a empresa hipotética decidiu adotar como canais de comunicação: Instagram, Facebook, WhatsApp, site e e-mail, usados na operacionalização do relacionamento com os clientes, já que a empresa optou por não ter loja física e/ou virtual, realizando serviço de delivery para a entrega dos pedidos.

---

19 Leia mais, em Yeshin (2005, cap. 16). Pinheiro e Gullo (2008) oferecem outro ponto de vista.

Atividades-chave

Neste item da modelagem, o empreendedor deverá identificar as atividades que são fundamentais para a criação e a entrega de valor ao cliente.

Por isso, é importante que o elaborador do Canvas se concentre apenas nas atividades que estão íntima e diretamente ligadas à sua proposta, ignorando aquelas que são paralelas ou secundárias, isto é, que não estão relacionadas ao valor proposto.

Usar o verbo no infinitivo não é uma regra, mas é muito usual na modelagem, pois torna a escrita da atividade mais clara e objetiva. Levantar e analisar criticamente as atividades diretamente ligadas ao cumprimento da proposta de valor será fundamental no julgamento acerca da capacidade do empreendedor de executar sua proposta e de capturar o valor do cliente.

> **EXEMPLO HIPOTÉTICO**
> **EMPRESA DE BOLOS**
>
> As principais atividades mapeadas na empresa em questão foram: divulgar os produtos; atender os clientes e processar seus pedidos; produzir bolos; embalar e entregar produtos; e receber pelas vendas realizadas.

Recursos-chave

Tendo como base as atividades essenciais listadas no item anterior, é possível identificar quais os principais recursos a serem empregados na criação e na entrega do valor proposto.

Assim como fez na lista de atividades-chave, neste item, o elaborador do Canvas deverá apontar apenas os recursos mais importantes para a execução da proposta de valor, ignorando aqueles que são secundários para o seu processamento.

O correto mapeamento dos principais recursos para a operacionalização do negócio será fundamental na avaliação da exequibilidade da ideia.

> **EXEMPLO HIPOTÉTICO**
> **EMPRESA DE BOLOS**
>
> No caso da empresa de bolos tomada como exemplo, os recursos-chave seriam mão de obra, batedeira, forno, utensílios de cozinha, embalagens e os equipamentos/recursos necessários para contatar o cliente, processar os pedidos fazer as entregas e receber pelas vendas.

Parcerias-chave

Reflita sobre parcerias-chave como sendo alianças estratégicas[20] a serem estabelecidas. Elas são essenciais às novas soluções, por auxiliarem na concretização da ideia, sobretudo quando tratamos de um negócio nascente.

As parcerias contribuem para a execução da proposta de valor, quer seja realizando atividades-chave, ou mesmo oferecendo recursos essenciais à operacionalização do negócio.

Outra valiosa contribuição de uma aliança estratégica está relacionada ao fato do parceiro poder agregar valor ao produto/serviço, caso ele tenha uma marca consolidada e respeitada no mercado. Além disso, a parceria-chave contribuirá para que o empreendedor obtenha informações relevantes sobre o mercado pretendido, aportando, assim, know-how ao negócio.

---

20 Para saber mais sobre alianças estratégicas, consulte Hitt, Ireland e Hoskisson (2008, p. 225) e Hooley, Piercy e Nicoulaud (2011, cap. 16).

> **EXEMPLO HIPOTÉTICO**
> **EMPRESA DE BOLOS**
>
> Uma empresa de bolos saudáveis poderia estabelecer parceria com nutricionistas para desenvolver receitas personalizadas ou com cafeterias, objetivando a venda de produtos complementares, ou mesmo com escolas/creches para garantir a entrega de produtos diferenciados aos clientes.

Fonte de custos

Neste quadrante faz-se necessário listar os itens que geram custo para o negócio, apontando apenas aqueles que serão responsáveis pelas principais saídas de caixa. Se possível, o modelador do negócio deverá listar os geradores de custo, distinguindo os fixos dos variáveis, conforme abordado no capítulo 9 deste livro.

Ressalta-se ainda que não é necessário apontar os valores monetários de cada item, pois a análise detalhada dos custos será realizada no plano de negócios. Vale lembrar que a modelagem não busca testar viabilidade econômica e/ou financeira.

Os custos menos relevantes, que não estejam diretamente ligados à execução da proposta de valor, poderão ser identificados por meio de grupos genéricos, tais como material de escritório, domínio de site, etc.

Por outro lado, os custos diretamente ligados à criação e entrega de valor deverão ser apontados separadamente no Canvas. Geralmente custos com mão de obra, locação de espaços ou equipamentos, aquisição de matéria-prima, licenças, gestão da comunicação, entre outros estão intimamente ligados à execução da proposta de valor, devendo, portanto, ser apontados individualmente.

É de suma importância que o apontamento dos custos seja feito com rigor e critério, pois essa tarefa está relacionada com decisões secundárias que o empreendedor poderá tomar na condução do negócio, ao se deparar com a necessidade de cortar custos ou com a possibilidade de aumentá-los para incrementar sua oferta.

> **EXEMPLO HIPOTÉTICO**
> **EMPRESA DE BOLOS**
>
> Uma empresa que fabrica bolos caseiros, saudáveis e personalizados tem como custos fixos os gastos com manutenção do espaço utilizado nas operações, mão de obra, licenças etc.; e, como custos variáveis, gastos com insumos, entregas, gás, energia, água etc..

Fonte de receitas

O último aspecto a ser preenchido no Canvas aborda a geração de receita para a empresa. Neste ponto, o empreendedor deverá listar os itens responsáveis pelas entradas de caixa no negócio, apontando aquilo que será objeto da venda.

Não cabe fazer aqui estimativas de vendas ou projeções de faturamento para a solução, posto ser essa uma atividade inerente ao plano de negócio. Analogamente ao que se fez no item anterior, abordando os custos, aqui não é necessário apontar os valores monetários da receita, mas, sim, listar os itens que promovem vendas e que geram entrada de dinheiro na empresa.

> **EXEMPLO HIPOTÉTICO**
> **EMPRESA DE BOLOS**
>
> Uma empresa de bolos terá como fonte de receitas a venda de produtos (bolos). Contudo, ela poderá incluir no mix de produtos/serviços a oferta de cursos para produção de bolos caseiros, passando a contar com uma segunda fonte de receita.

Resumo do capítulo

Como exposto neste capítulo, a modelagem do negócio por meio do **Business Model Canvas** poderá ser realizada em meio impresso ou digital (online). Independentemente do formato escolhido, recomenda-se que a ideia de negócio seja modelada seguindo um caminho crítico, cujas etapas estão detalhadas no Quadro 4.

Quadro 4 – Quadro sinótico da modelagem de negócio

ETAPA	OBJETIVO	ENTREGA	FERRAMENTAS (MEIOS)	MEIOS COMPLEMENTARES
Identificação da oportunidade	Selecionar o público-alvo, com um problema a ser solucionado.	*Perfil do público-alvo descrito; *Problema definido.	*Estratégias de segmentação; *Lado direito do Canvas da proposta de valor.	*As três etapas iniciais do Design Thinking; *Mapa da empatia.
Definição da ideia de negócio	Empatizar para compreender o mundo do segmento de clientes escolhido.	*Proposta de valor definida; *Persona ou proto-persona descrita.	*Lado esquerdo do Canvas da proposta de valor. *Pesquisa de mercado.	*Design Thinking; * Canvas do perfil do usuário. *Jornada do cliente.
Modelagem do negócio	Modelar o negócio.	Modelo de negócio descrito.	Business Model Canvas.	Minimum Viable Product (MVP).

Hora de praticar!

Modele sua ideia de negócio utilizando as ferramentas, as dicas e as abordagens sugeridas ao longo deste capítulo. Escolha o melhor caminho para moldar sua ideia de negócio.

Desejo que você empreenda com sucesso. Bom trabalho!

Referências

BIOLCHINI, C. et al. *Ferramentas visuais para estrategistas*. São Paulo, 2012. Disponível em www.marcelo.pimenta.com.br/estrategista-visual.

BROWN, T. *Design thinking*: uma metodologia poderosa para decretar o fim das velhas ideias. Rio de Janeiro: Elsevier, 2010.

CLARK, T.; HAZEN, B.; PIGNEUR, Y. *Business models for teams*: descubra como sua organização realmente funciona e como as pessoas se encaixam nela. Rio de Janeiro: Alta Books, 2018.

CAGAN, M. *Inspirado*: como criar produtos de tecnologia que os clientes amam. Rio de Janeiro: Alta Books, 2020.

CRESWELL, J. W. *Projeto de pesquisa*: métodos qualitativo, quantitativo e misto. 3 ed. Porto Alegre: Penso, 2010.

DIAMANTOPOULOS, A. "Determinação de Preços". *In* BAKER, M. J. *Administração de marketing*. 5 ed. Rio de Janeiro: Elsevier, 2005.

DIAS, S. R. "Análise de mercado". *In* DIAS, S. R. (org.). *Gestão de marketing*. São Paulo: Saraiva, 2005.

DORNELAS, J. C. A. *Empreendedorismo*: transformando ideias em negócios. São Paulo: Atlas, 2001.

EVANS, M. "Segmentação de mercado". *In* BAKER, M. J. *Administração de marketing*. 5 ed. Rio de Janeiro: Elsevier, 2005.

FASTI, R. "Administração de preços". *In* DIAS, S. R. (org.). *Gestão de marketing*. São Paulo: Saraiva, 2005.

HITT, M. A.; IRELAND, R. D.; HOSKISSON, R. E. *Administração estratégica*: competitividade e globalização. 2 ed. São Paulo: Thomson Learning, 2008.

HOOLEY, G.; PIERCY, N. F.; NICOULAUD, B. *Estratégia de marketing e posicionamento competitivo*. 4 ed. São Paulo: Pearson Prentice Hall, 2011.

LEWRICK, M.; LINK, P.; LEIFER, L. *A jornada do design thinking*: transformação digital prática de equipes, produtos, serviços, negócios e ecossistemas. Rio de Janeiro: Alta Books, 2019.

MALHOTRA, N. K. *Pesquisa de marketing*: uma orientação aplicada. 7 ed. Porto Alegre: Bookman, 2019.

O'MALLEY, L.; TYNAN, C. "Marketing de relacionamento". *In* BAKER, M. J. *Administração de marketing*. 5 ed. Rio de Janeiro: Elsevier, 2005.

OSTERWALDER, A.; PIGNEUR, Y. *Business model generation - Inovação em modelos de negócios*: um manual para visionários, inovadores e revolucionários. Rio de Janeiro: Alta Books, 2011.

PARENTE, J. G. O sistema de informação de marketing e a pesquisa de marketing. *In* DIAS, S. R. (org.). *Gestão de marketing*. 2 ed. São Paulo: Saraiva, 2005.

PINHEIRO, D.; GULLO, J. *Comunicação integrada de marketing*: gestão dos elementos de comunicação; suporte às estratégias de marketing e de negócios da empresa. 2 ed. São Paulo: Atlas, 2008.

SOLOMON, M. R. *O comportamento do consumidor: comprando, possuindo e sendo.* 11 ed. Porto Alegre: Bookman, 2016.

VIANNA, M. J. e S.; FILHO, Y. V. e S.; ADLER, I. K.; LUCENA, B. de F.; RUSSO, B. *Design thinking*: inovação em negócios. Rio de Janeiro: MJV Press, 2012.

YESHIN, T. "A integração das comunicações de marketing". *In* BAKER, M. J. *Administração de marketing*. 5 ed. Rio de Janeiro: Elsevier, 2005.

CAPÍTULO 6

Checklist Inicial para Elaboração de Plano de Negócios

Antes de iniciar a elaboração de um plano de negócios, é interessante verificar o conhecimento que se tem sobre o empreendimento que se pretende constituir. Para tanto, preparou-se um checklist[1] inicial para elaboração de plano de negócios, composto por 25 perguntas.

1. Qual o objetivo do negócio que pretende montar?
2. Do que trata o produto ou o serviço que pretende oferecer?
3. Você identificou um nicho (proporção delimitada do mercado) para o seu negócio? Se afirmativo, qual gênero, faixa etária, classe social, região, etc?
4. Os dados da conjuntura econômica (Produto Interno Bruto – PIB, inflação, juros, desemprego, etc) apontam para um período de recessão, expansão ou manutenção da situação atual?
5. Qual o crescimento previsto para os próximos anos do mercado e para o segmento em que pretende atuar?
6. Quais os hábitos dos seus futuros clientes?
7. Quais serão seus fornecedores? Como será sua relação com eles?
8. Quais serão os principais concorrentes?
9. Há uma demanda reprimida (qualitativa ou quantitativa) do produto/serviço que pretende oferecer?
10. Quais motivos levariam as pessoas a adquirirem seu produto ou seu serviço em vez do oferecido pelos concorrentes?
11. O que levaria as pessoas a não comprarem seu produto ou serviço imediatamente (tão logo fosse lançado)?

---

1 Este checklist está disponível no software Profit (menu Ferramentas / Checklist), cujo download pode ser feito no site do autor em www.adonailacruz.com.br, na seção softwares, e também no site da editora em www.altabooks.com.br (procure pelo título do livro).

12. Quais os pontos fortes e fracos do seu produto ou serviço perante os dos concorrentes?

13. O produto ou serviço que você pretende oferecer será utilizado em conexão com algum outro? Caso afirmativo, com quais?

14. Qual será a estratégia de preços da empresa? Qual seu posicionamento perante os concorrentes?

15. Qual será a estratégia de promoção da empresa? Qual seu posicionamento perante os concorrentes?

16. A empresa estará localizada onde? Por quê?

17. Qual será a estratégia de distribuição da empresa (diretamente ao consumidor ou utilizando intermediários)? Qual seu posicionamento perante os concorrentes?

18. Em qual setor de atividade seu negócio se enquadrará? Será classificado como microempresa, empresa de pequeno porte, de médio porte ou de grande porte?

19. Qual forma jurídica seu empreendimento assumirá? Sob qual regime de tributação?

20. Quais tributos incidirão sobre a atividade empresarial que pretende exercer?

21. A equipe que vai gerir a empresa está completa? Como ela vai gerir a empresa?

22. Quais custos fixos e variáveis seu negócio terá?

23. Você tem ideia de quanto custará operacionalizar o negócio? Você e seus sócios (se for o caso) dispõem da quantia necessária ou precisarão buscar fontes alternativas de financiamento?

24. Qual a rentabilidade mínima exigida por você para que o empreendimento seja visto como viável?

25. Quais as dificuldades e os riscos inerentes à abertura do negócio?

CAPÍTULO 7

Plano de Marketing

O que é?

É no plano de marketing que se expõem a análise do mercado competitivo e a definição da estratégia a ser executada pela empresa durante seu funcionamento. O plano de marketing é o elo entre a empresa e o cliente. Através dele, definem-se estratégias que objetivam convencer clientes em potencial a comprarem o produto/serviço da sua empresa (tornando-se clientes reais) em vez dos oferecidos pelos concorrentes.

Mas não é tão simples: os concorrentes desejam fazer exatamente o mesmo. A palavra de ordem é: competição. É muito importante estar atento aos movimentos do mercado, pois ele é mutável. Alterações na estrutura de custo, preço, promoção, etc. da sua empresa ou da dos concorrentes podem fazer com que o mercado seja reduzido ou ampliado. Logo, além de definir suas estratégias, é vital estar atento às dos demais, em uma espécie de "direção defensiva".

O que deve conter?

Neste livro, preferiu-se integrar ao plano de marketing a análise estratégica da empresa. Nos levantamentos realizados (SKACEL, 1992; BANGS JR., 1994; WESTWOOD, 1996; AMBRÓSIO, 1999; KOTLER, 2000; DOLABELA, 2000; THOMPSON JR. e STRICKLAND III, 2000; STEVENS *et al.*, 2001; DORNELAS, 2001; LAS CASAS, 2001; MCDONALD, 2004; e COSTA, 2005), observou-se que o plano de marketing e a análise estratégica da empresa devem abordar basicamente: análise de mercado, estudo dos produtos/serviços, exame da clientela-alvo, análise da concorrência, estratégia empresarial, estratégias de marketing e projeção de vendas.

Cada tópico pode ser feito com utilização de variados instrumentos e metodologias. As opções feitas neste livro privilegiaram o menor grau de complexidade da ferramenta ou orientação metodológica e a generalização do uso a diversificados ramos de negócio.

Análise de mercado

A análise de mercado deve ser o primeiro item, pois fornece valiosas informações para as demais seções do plano de marketing.

Antes de iniciar a discussão sobre os elementos que compõem a análise de mercado, é oportuno fazer uma breve explanação sobre a relação das organizações e o seu meio ambiente. Podem-se dividir em três os segmentos do ambiente no qual as organizações estão inseridas: macroambiente, microambiente e ambiente interno (Figura 7).

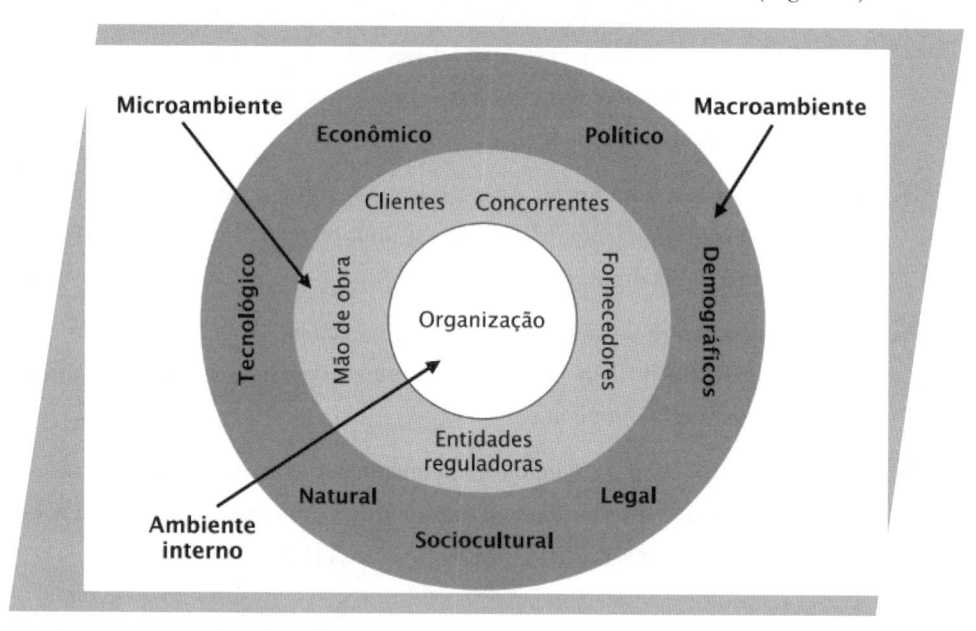

Figura 7 – Ambientes organizacionais

O empreendedor tem de monitorar as forças macroambientais e os agentes microambientais que exercem significativa influência sobre a atividade do negócio e que visa também constituir ou que já está constituído (stakeholders).

O macroambiente é o ambiente comum a todas as organizações, entretanto, não é uma entidade concreta, mas é um conjunto de condições genéricas externas à organização que interagem entre si, afetando-a direta ou indiretamente. É constituído dos ambientes:

* Político: diz respeito às definições políticas que afetam as organizações, tomadas nas esferas federal, estadual e municipal;

- **Demográfico:** refere-se à taxa de crescimento da população; à sua distribuição por sexo, gênero, geografia, etc.; e aos elementos que determinam a situação atual e futura do mercado em que as organizações estão inseridas;

- **Legal:** constitui as legislações (comerciais, trabalhistas, tributárias, etc.) que afetam direta ou indiretamente as organizações, seja no sentido de colaborar com elas (isenções fiscais, subsídios, etc.), seja de impor a elas restrições às suas operações;

- **Sociocultural:** diz respeito à cultura do povo, que exerce influência sobre as organizações à medida que as expectativas dos seus clientes internos e externos são determinadas em grande parte pelas questões socioculturais (costumes, nível educacional, etc.);

- **Natural:** refere-se à natureza. As organizações influenciam e são influenciadas pela natureza, pois guardam entre si uma relação de intercâmbio (poluição, consumo de energia, resíduos, etc.);

- **Tecnológico:** refere-se ao desenvolvimento tecnológico, que, sem dúvida, provoca significativa influência sobre as organizações, que as incorporam para não perderem competitividade;

- **Econômico:** contempla a conjuntura econômica que determina tanto o desenvolvimento quanto a retração econômica e que exercem forte influência sobre as organizações, como taxa de câmbio, inflação, taxa de juros, etc.

O microambiente é o ambiente operacional da organização. Ao definir o produto/serviço que vai oferecer e para quem vai ofertá-lo, a organização estabelece seu microambiente.

Ele é constituído por:

- **Concorrentes:** as organizações têm concorrentes, com os quais disputam clientes (a não ser no caso de monopólio) e utilizam os mesmos recursos;

- **Fornecedores:** as organizações dependem de recursos para funcionar, como insumos (fornecedores de matéria-prima), recursos financeiros (mercado de capital), etc.;

- **Entidades reguladoras:** existem organizações que regulam ou fiscalizam as atividades das outras, como sindicatos, ONGs, associações de classe, etc.;

* **Mão de obra:** são os fornecedores de recursos humanos que empregam seus recursos (físicos e know-how) na empresa;
* **Clientes:** são as pessoas (físicas ou jurídicas) que adquirem os produtos/serviços da empresa.

O ambiente interno trata da organização em si. Sobre isso se discorrerá adequadamente no capítulo 8 ("Descrição da Empresa").

Para a análise de mercado, é preciso identificar as características econômicas dominantes da indústria[1], seu status competitivo, suas forças propulsoras, seu panorama futuro e a caracterização do estágio do ciclo de vida em que se encontra. É preciso, ainda, analisar os fatores econômicos que exercem significativa influência sobre a atividade empresarial.

Na identificação das características econômicas dominantes da indústria, devem-se considerar:

* Tamanho do mercado;
* Número de consumidores;
* Perfil dos consumidores (sexo, faixa etária, faixa de renda, religião, grau de escolaridade, etc.);
* Número de concorrentes em relação ao campo geográfico de competição da indústria (local, regional, estadual, nacional ou global);
* Distribuição das vendas entre os players do mercado (*market share*);
* Conformação concorrencial (monopólio — uma única empresa domina o mercado?; oligopólio — um grupo limitado de empresas domina o mercado?; ou concorrência perfeita — um grupo ilimitado de empresas participa do mercado. Ou seja, o mercado é fragmentado, com muitas empresas pequenas, ou é concentrado, dominado por poucas empresas grandes?);
* Nível de ocupação da capacidade instalada de produção/comercialização (excesso ou escassez de capacidade);
* Velocidade das inovações nos produtos;

---

1 O termo indústria é utilizado com a acepção de conjunto de empresas de um mesmo mercado.

- Grau de integração vertical (para trás ou para frente);

- Grau de diferenciação dos produtos/serviços entre os concorrentes (altamente diferenciados, fracamente diferenciados ou essencialmente idênticos);

- Possibilidade de realizar economias de escala (na compra, na fabricação, no transporte, na comercialização, etc.);

- Nível de força da curva de experiência[2] (diminuição do custo médio unitário em razão do conhecimento adquirido com a experiência de produção crescente da empresa);

- Barreiras à entrada (por exemplo, necessidade de capital, políticas regulamentadoras, acesso aos canais de distribuição, preferência dos consumidores por marcas, economias de escala, existência dos efeitos da curva de experiência, etc.);

- Segmentos existentes no mercado (segmentação geográfica, definida pelo alcance territorial; demográfica, pelo tipo de pessoa ou lar; psicográfica, pelo estilo de vida, como esportivo ou intelectual, pela motivação da compra, como comodidade ou economia, pela fidelidade a marcas etc.; e comportamental, pelos conhecimentos que os grupos têm de um produto, sua atitude com relação a ele, no uso ou na resposta a ele)[3];

- Tendências do setor (por exemplo, a substituição de vídeos por DVDs no segmento de mercado de locação de fitas de vídeos);

- Taxa de crescimento do mercado e sua localização no ciclo econômico (as fases do ciclo econômico: recessão, crise, recuperação, crescimento e estagnação)[4];

- Lucratividade do mercado (se está acima ou abaixo do padrão normal).

---

[2] Thompson Jr. e Strickland III (2000) explicam que o Boston Consulting Group descobriu em pesquisa que o fenômeno de custos unitários mais baixos vai além do efeito de economias de escala. O BCG evidenciou que, à medida que aumenta o volume cumulativo de produção, o conhecimento adquirido com a experiência de produção crescente da empresa leva à descoberta de eficiências adicionais e maneiras de reduzir os custos ainda mais.
[3] Para mais, veja Kotler (2000, p. 278-301).
[4] Para saber mais, veja Degen (1989, p. 43-44). Para outra perspectiva, Parkin (2003, p. 383-407).

Na definição da intensidade da rivalidade de uma indústria (status competitivo), bem como de sua probabilidade de aumentar ou diminuir, consideram-se, entre outras coisas:

- Número de concorrentes e seu tamanho relativo;
- Grau de expansão ou retração da demanda pelos produtos/serviços;
- Nível de dificuldade que os clientes têm para mudar de marca;
- Força das barreiras à saída;
- Número e porte de novos entrantes;
- Grau de ocupação da capacidade de produção/comercialização das empresas.

As características e as condições competitivas das indústrias mudam. Por isso, é importantíssimo identificar as forças propulsoras para a mudança e, com isso, avaliar seus impactos. Cada indústria é afetada de forma diferente, por diversos fatores; em algumas delas, um fator pode ter intensidade suficiente para ser classificada como força propulsora e para outra, não. Como exemplo de fatores que exercem influência sobre diversas indústrias, citam-se:

- Alterações em quem compra o produto e na maneira de utilizá-lo;
- Inovações nos produtos, nos processos ou nas formas de comercialização;
- Entrada ou saída de grandes empresas;
- Redução da incerteza quanto aos riscos do negócio.

Como bem advertem Thompson Jr. e Strickland III (2000), não se deve cair na tentação de rotular toda mudança como força propulsora. Apesar de muitas mudanças estarem ocorrendo, talvez só duas ou três ajam como principais determinantes. Logo, a atenção nas demais não seria economicamente viável.

Na análise do panorama futuro da indústria, deve-se considerar o impacto (favorável ou desfavorável) que ela sofrerá pelas forças propulsoras quanto ao(à), basicamente:

- Potencial de crescimento;
- Lucratividade;
- Nível de rivalidade entre os players;
- Incerteza no futuro da indústria.

Com base nisso tudo, pode-se caracterizar o estágio do ciclo de vida em que a indústria se encontra (Figura 8).

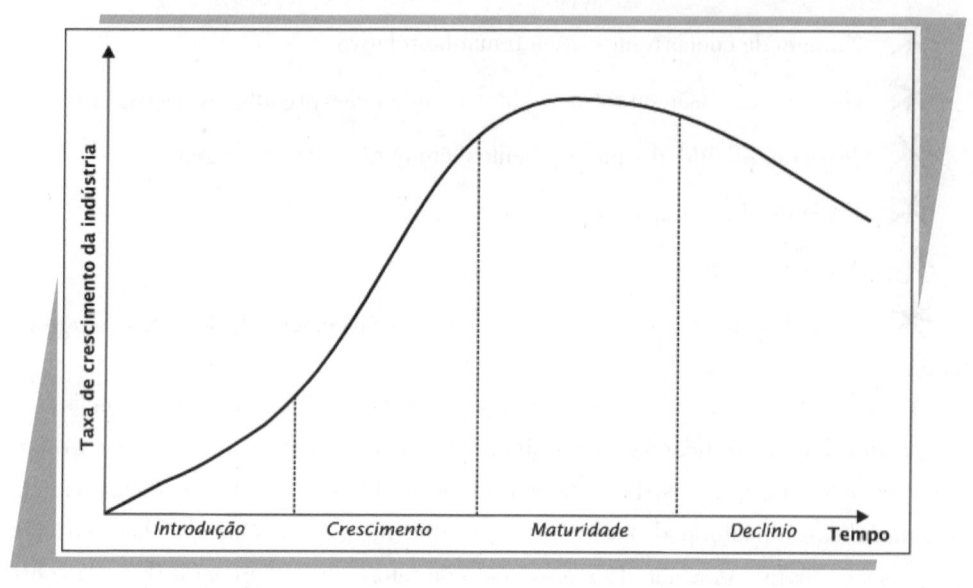

Figura 8 – Ciclo de vida da indústria

São quatro os estágios clássicos: introdução, crescimento, maturidade e declínio:

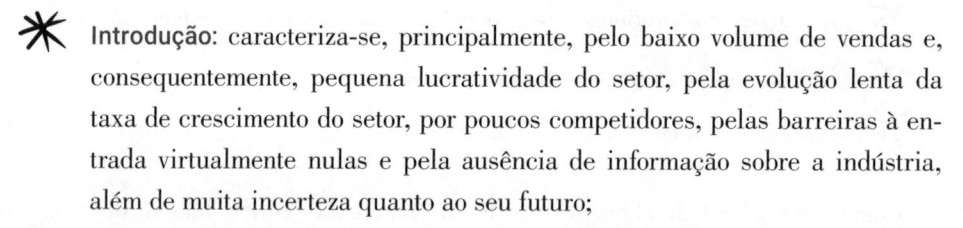

* **Introdução:** caracteriza-se, principalmente, pelo baixo volume de vendas e, consequentemente, pequena lucratividade do setor, pela evolução lenta da taxa de crescimento do setor, por poucos competidores, pelas barreiras à entrada virtualmente nulas e pela ausência de informação sobre a indústria, além de muita incerteza quanto ao seu futuro;

* **Crescimento:** caracteriza-se por um rápido aumento no volume de vendas e consequente aumento na lucratividade do setor, o que pode provocar a entrada de novos players e o acirramento da concorrência. Nesse sentido, começam a surgir barreiras à entrada;

* **Maturidade:** caracteriza-se, principalmente, pela alta lucratividade e estabilização da taxa de crescimento da indústria, pelas barreiras à entrada moderadas ou fortes — dependendo da conformação concorrencial — e por pouca incerteza quanto ao futuro do setor, em virtude da disponibilidade de informação — série histórica e projeções — sobre a indústria. O número de competidores depende da conformação concorrencial — fragmentada, oligopolizada,

etc. —, entretanto, tende a se estabilizar, como o número de clientes e a lucratividade, de modo geral mais baixa do que na etapa de crescimento;

* **Declínio:** estágio em que as vendas decrescem, os lucros cessam e a saída de competidores é provável.

Convém, também, como se disse, estar atento aos movimentos do campo econômico. Nesse sentido, faz-se um quadro-síntese de fatores relevantes para um grande leque de negócios (Quadro 5).

Quadro 5 – Fatores econômicos que influenciam os negócios

FATORES	INFLUÊNCIAS
Taxa de Juros[5]	* No custo de funcionamento da empresa, na compra de equipamentos, etc. * No preço de venda do produto. * No volume de vendas. * Nas condições creditícias das vendas e compras a prazo.
PIB *per capita* (evolução do PIB *per capita* e sua composição setorial)	* Poder de consumo da população (análises comparativas permitem identificar, mesmo que genericamente, tipos de negócios por região: localidades com renda *per capita* muito reduzida somente são propícias, em geral, para negócios ligados às necessidades básicas mínimas — alimentação, higiene, moradia e vestuário. Já localidades com renda *per capita* elevada são propícias a negócios que atendam a necessidades que transcendem, em muito, o mínimo necessário à sobrevivência)[6]. * O crescimento do mercado gera novas entradas. Uma diminuição aumenta a rivalidade e elimina os concorrentes mais fracos. * Mercados muito pequenos não têm tendência à atração de grandes/novos concorrentes; por sua vez, mercados grandes, frequentemente, atraem o interesse de grandes corporações de caixa alto.

---

[5] Para mais informações sobre as principais taxas de juros praticadas pelo mercado financeiro nas aplicações financeiras e operações de crédito, confira Santos (2001, p. 113-117).
[6] Análises mais profundas exigem informações relacionadas com o grau de concentração de renda da localidade, pois isso permite a identificação mais precisa de nichos potenciais de mercado, representado por segmentos.

FATORES	INFLUÊNCIAS
Inflação[7] (evolução do índice mais apropriado)	* No poder aquisitivo da população, logo, no consumo. * No preço de venda do produto. * No volume de vendas.
Desemprego (evolução do nível de desemprego)	* No consumo da população, logo, no volume de vendas.
Política Fiscal (Plano Plurianual e política de tributação)	* Na forma de tributação, que impacta diretamente no preço de venda. * No gasto público (gastos do governo, excluídos os de folha de pagamento e encargos, representam o seu potencial de compra, portanto, um mercado a ser disputado).
Política Monetária	* Disponibilidade das fontes de financiamento possíveis. * Taxa de juros e inflação.
Política Cambial e Comercial	* Tarifas altas, ao dificultar importações, geram uma procura por produtos nacionais. Se, por outro lado, houver a diminuição ou a suspensão de tarifas à importação, há o aumento da concorrência e provável diminuição do volume de vendas. * Política aduaneira na importação de produtos intermediários para a produção ou bens finais (no custo de compra de equipamentos e matérias-primas importadas, logo, no preço de venda do produto e no volume de vendas). * Política aduaneira para exportação.

Acrescenta-se que os aspectos demográficos também devem fazer parte da análise do mercado, pois são vitais na definição do foco (segmentação) da empresa:

* Distribuição da população por região, por sexo, por faixa de renda, etc.;
* Taxa de crescimento da população;

---

[7] Os índices de inflação medem a variação dos preços de um determinado conjunto de produtos e serviços em determinado tempo e área geográfica. Os índices variam quanto à composição, ao período de coleta de dados, à delimitação da amostra pesquisada e acerca da metodologia de cálculo. O IGP-DI (Índice Geral de Preços – Disponibilidade Interna), calculado pela Fundação Getúlio Vargas, é o mais utilizado em estudos econômico-financeiros. Por outro lado, há índices específicos para faixas de renda, como o INPC – Índice Nacional de Preços ao Consumidor, que envolve o custo de vida de famílias com mensal de 1 a 5 salários-mínimos, ou o IPC-3i, que é o índice de preços ao consumidor da terceira idade. Para saber mais a respeito de índices de inflação, recomenda-se a leitura de Santos (2001, p. 101-109) e Carmo (2005, p. 354-364).

* Estrutura etária da população;
* Percentual da população economicamente ativa;
* Distribuição da força de trabalho (agrícola, serviço, comércio ou indústria);
* Fluxos migratórios;
* Repartição das famílias por classes sociais.

Essa análise subsidiará o exame das ameaças e oportunidades da empresa a ser realizado na seção "Estratégia empresarial".

Estudo dos produtos/serviços

Neste ponto, interessa fazer a caracterização do produto/serviço do ponto de vista do mercado (diferente do ponto de vista físico, o qual será discutido adiante). Essa caracterização leva em conta a utilização do produto/serviço, seus substitutos, seus complementares e seu ciclo de vida.

Quanto à utilização, podem ser classificados como bens econômicos (produtos e serviços) finais ou intermediários:

* **Finais:** aqueles que já sofreram as transformações necessárias para o uso no processo de produção (de capital) ou consumo pelos indivíduos (de consumo)[8], ou seja, são levados ao mercado já na forma definitiva;
* **Intermediários:** aqueles que são levados ao mercado para sofrer novas transformações e se converterem em bens econômicos finais, antes que sejam revendidos.

Essa caracterização é essencial para que o consumidor seja identificado.

Quanto aos substitutos e complementares, deve-se identificá-los. Substitutos são aqueles cujo consumo substituam o do seu produto/serviço (correlação negativa). Complementares, em que há o consumo em conjunto ao seu (correlação positiva). Para

---

[8] A classificação deve ser feita levando em conta a finalidade do bem. Dessa forma, evita-se dupla classificação. É possível que um mesmo bem econômico possa ser classificado como de consumo e de capital, por exemplo. É o caso de um computador comprado para ser utilizado em uma Lan House (bem de capital) ou como equipamento de lazer/estudo (bem de consumo). A finalidade do produto é que determina a classificação.

muitos produtos/serviços, a procura está relacionada com o consumo e com os preços de outros produtos/serviços.

Os complementares são importantes, principalmente, no caso de bens econômicos intermediários, cuja quantidade demandada se sujeita à procura por bens econômicos finais em que são utilizados. É o caso de aviamentos, cuja procura depende da quantidade demandada por confecções. Mas ocorre também em bens econômicos finais, como o caso do pneu e do automóvel.

Tão importantes quanto os complementares são os produtos/serviços substitutos, pois apontam os principais concorrentes. Por exemplo, carne bovina e de frango: tudo mais constante, espera-se o aumento da procura por carne de frango no caso de o preço da carne bovina subir.

Além disso, é essencial determinar se são bens econômicos normais, inferiores, de consumo saciável ou superiores, pois o comportamento da procura pelo produto/serviço, em razão de alterações na renda do consumidor, é determinado de acordo com o tipo de bem econômico:

* **Normais:** aqueles cujos consumidores desejam adquirir mais, à medida que sua renda aumenta;
* **Inferiores:** aqueles que, à medida que a renda dos consumidores aumenta, têm a quantidade demandada reduzida. Por exemplo: carne de segunda;
* **De consumo saciável:** aqueles cujo consumo não é influenciado pela renda dos consumidores. É o caso de bens de alimentos básicos, como sal, por exemplo;
* **superiores:** aqueles que, dada uma variação na renda dos consumidores, o consumo varia mais que proporcionalmente.

Vale ressaltar que tal classificação depende da classe de renda à qual pertencem os consumidores. Para os de baixa renda, praticamente não existem bens inferiores.

Assim como as indústrias, os produtos e os serviços também atravessam ciclos de vida[9] e passam por quatro etapas clássicas: são introduzidos no mercado (introdução), crescem com

---

[9] Encontra-se excelente análise dos efeitos do ciclo de vida dos produtos/serviços sobre a oferta, a demanda, as estratégias de posicionamento, o preço e o lucro em Degen (1989, p. 80-85).

o decorrer do tempo (crescimento), atingem a maturidade (maturidade), e, eventualmente, declinam (declínio), sendo substituídos por novos produtos e serviços (Figura 9)[10].

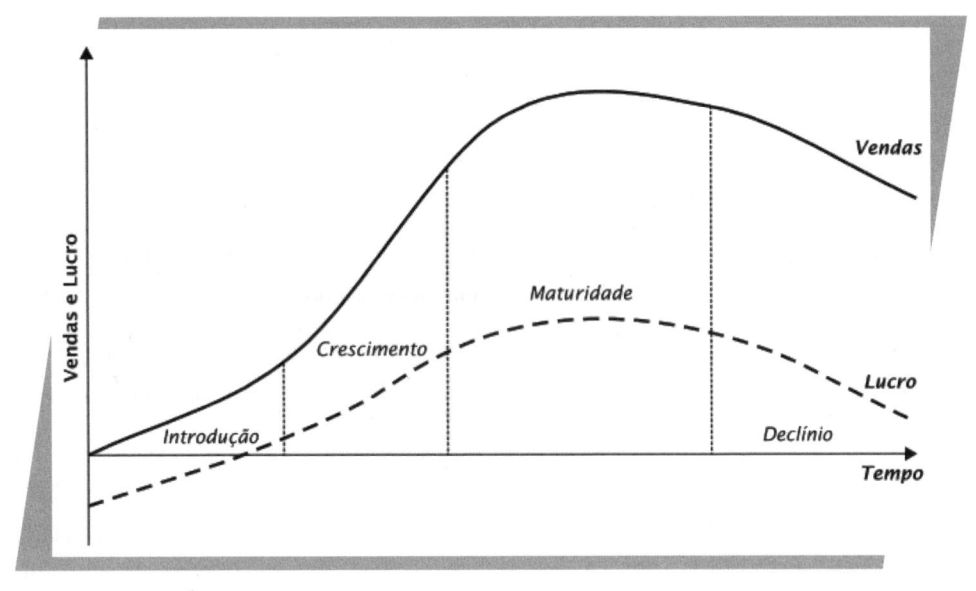

Figura 9 – Ciclo de vida dos produtos/serviços

O estágio de **introdução** é marcado por grandes investimentos em promoção, pois os clientes em potencial precisam ser informados da existência e das vantagens do produto/serviço, pelo baixo volume de vendas, altos custos e pequenos lucros ou prejuízos. Nesse momento, a empresa está investindo na expectativa de ter lucro no futuro.

A etapa de **crescimento** se caracteriza por um rápido aumento no volume de vendas e, consequentemente, por um aumento nos lucros. Isso pode provocar a entrada de novos concorrentes, o que levaria ao aperfeiçoamento dos produtos/serviços ou surgimento de barreiras à entrada de novos competidores ou a uma possível redução de preços.

Na **maturidade**, a taxa de crescimento do volume de vendas começa a reduzir. Ou seja, o número de clientes tende a se estabilizar; por conseguinte, o lucro também segue a tendência de se estabilizar (de modo geral, mais baixo do que no estágio de crescimento). O crescimento do volume de vendas nessa etapa acompanha o crescimento do mercado total. O número de concorrentes também se estabiliza.

---

10 Kotler (2000) adverte que o ciclo de vida dos produtos pode seguir outro padrão, como "crescimento-queda-maturidade", associado a pequenos eletrodomésticos; "ciclo-novo ciclo", relacionado com novos medicamentos; "escalonado", associado a produtos para os quais se descobrem novos usos; "crescimento-declínio", relacionado com modismos, etc.

Nesse estágio, a promoção volta a ser importante, devido ao aumento da concorrência, a fim de evitar que clientes optem pelos concorrentes.

O aumento da concorrência leva, via de regra, as empresas a optarem pela segmentação (públicos-alvo específicos); e/ou pela ampliação do campo de atuação; e/ou a fazer alterações incrementais nos produtos/serviços, com o objetivo de agregar a eles características valorizadas pelos consumidores. Para tanto, a promoção é essencial, pois novos clientes ou nichos específicos precisam ser conquistados ou "fidelizados".

No **declínio**, o volume de vendas decresce e os lucros cessam. A guerra de preços é provável. Tudo isso leva à substituição do produto/serviço por outros.

O clico de vida de cada produto/serviço tem duração variada: artigos de moda talvez tenham ciclos de vida curtos; automóveis, por sua vez, podem ficar um bom tempo no estágio de maturidade.

Outra técnica também muito utilizada é a matriz BCG de portfólios de produtos[11] (desenvolvida pelo Boston Consulting Group, empresa de consultoria estratégica criada por Bruce Henderson), que se baseia em dois fatores: crescimento de mercado e participação de mercado. Dependendo da situação em relação a esses fatores, os produtos são enquadrados como: apostas (*question-marks*); estrelas (*stars*); vacas leiteiras (*cash-cows*); e abacaxis (*dogs*), como se vê na Figura 10.

---

11 Além da matriz BCG, há outros modelos de posicionamento, como McKinsey-General Eletric, Shell, A. D. Litlle, PIMS (Profit Impact of Marketing Strategies), etc. Sugeriu-se a matriz BCG por ter seu uso mais difundido.

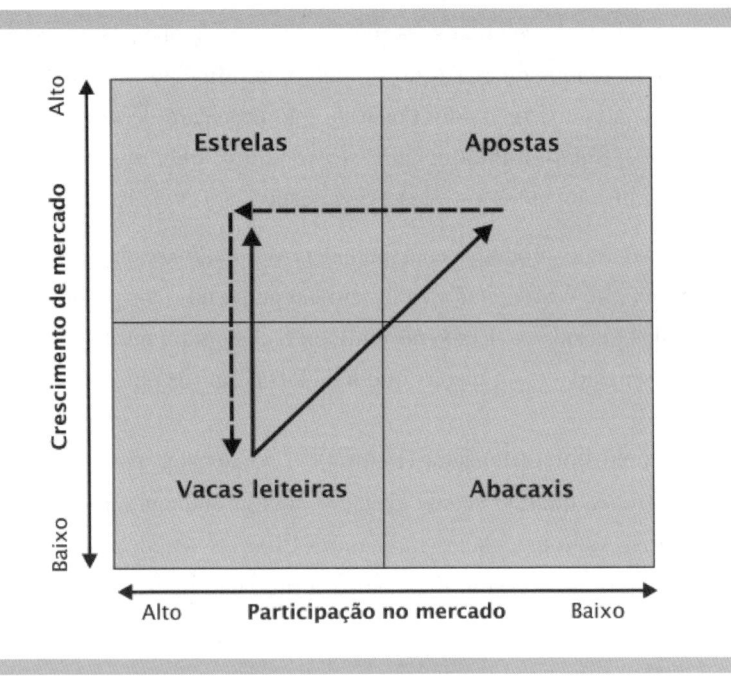

Figura 10 – Matriz BCG

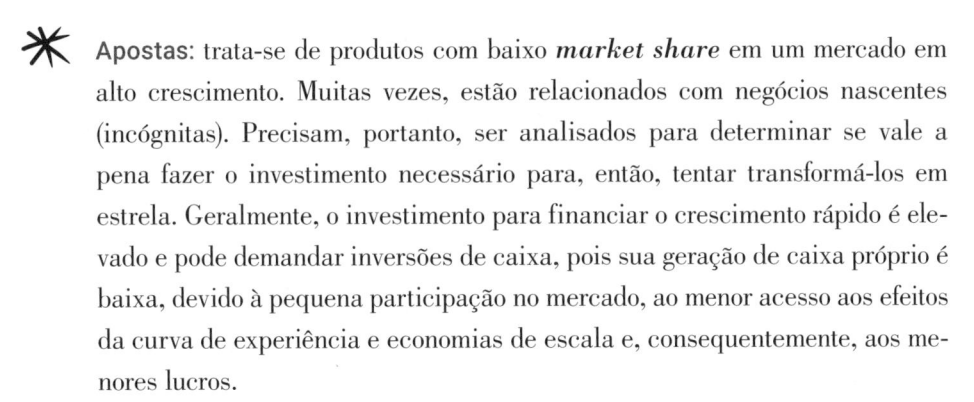

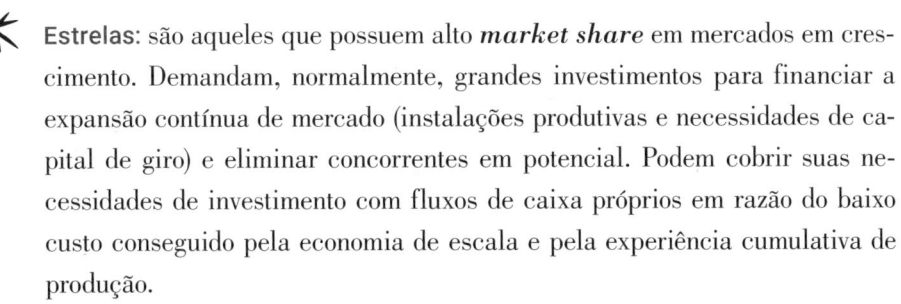

* **Apostas:** trata-se de produtos com baixo *market share* em um mercado em alto crescimento. Muitas vezes, estão relacionados com negócios nascentes (incógnitas). Precisam, portanto, ser analisados para determinar se vale a pena fazer o investimento necessário para, então, tentar transformá-los em estrela. Geralmente, o investimento para financiar o crescimento rápido é elevado e pode demandar inversões de caixa, pois sua geração de caixa próprio é baixa, devido à pequena participação no mercado, ao menor acesso aos efeitos da curva de experiência e economias de escala e, consequentemente, aos menores lucros.

* **Estrelas:** são aqueles que possuem alto *market share* em mercados em crescimento. Demandam, normalmente, grandes investimentos para financiar a expansão contínua de mercado (instalações produtivas e necessidades de capital de giro) e eliminar concorrentes em potencial. Podem cobrir suas necessidades de investimento com fluxos de caixa próprios em razão do baixo custo conseguido pela economia de escala e pela experiência cumulativa de produção.

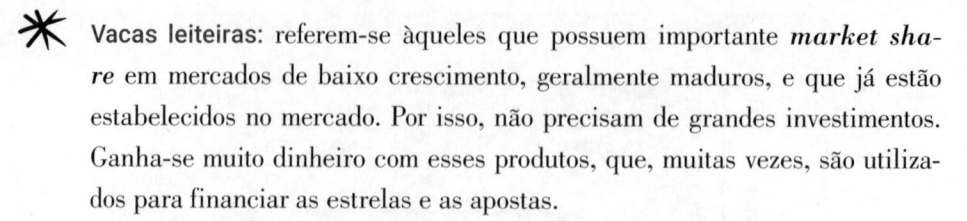

✳ **Vacas leiteiras:** referem-se àqueles que possuem importante *market share* em mercados de baixo crescimento, geralmente maduros, e que já estão estabelecidos no mercado. Por isso, não precisam de grandes investimentos. Ganha-se muito dinheiro com esses produtos, que, muitas vezes, são utilizados para financiar as estrelas e as apostas.

✳ **Abacaxis:** são produtos com pouco *market share* em mercados em baixo crescimento. As receitas e os lucros são pequenos e os produtos exigem investimentos periódicos. Como normalmente não geram muito lucro, muitas vezes, são descartados — a menos que haja fortes razões para mantê-los.

Como se vê pela linha tracejada (Figura 10), as apostas podem ser promovidas a estrelas, e as estrelas, quando de seu eventual amadurecimento, podem se transformar em vacas leiteiras. As linhas cheias indicam os fluxos de caixa produzidos pelas vacas leiteiras, que, muitas vezes, são utilizados para financiar apostas e estrelas.

Pode-se relacionar o ciclo de vida à matriz BCG (Figura 11).

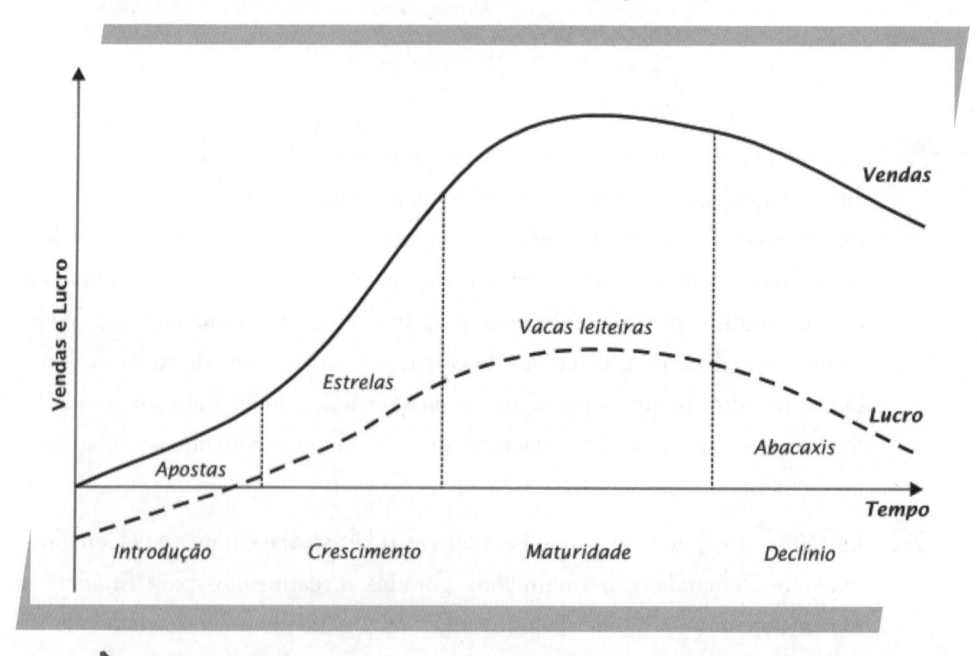

Figura 11 – Ciclo de vida dos produtos/serviços e matriz BCG

Para finalizar o estudo dos produtos/serviços, destaca-se que a identificação dos fornecedores, e por que foram escolhidos, é desejável. Caso isso seja tratado na seção "Descrição da empresa (plano operacional)", deve-se fazer referência ao tópico em que é abordado.

Exame da clientela-alvo

Todo negócio existe para atender às necessidades e às conveniências dos clientes. De nada adiantaria ofertar produtos/serviços "perfeitos" se não satisfizessem as aspirações dos clientes.

No exame da clientela-alvo, busca-se precisar onde, quando, como e por que os clientes compram um determinado produto/serviço em vez de outros. Essas respostas são vitais para fazer a análise da concorrência e definir as estratégias de marketing (sobre as quais se discorrerá adiante).

Mas o que é um cliente? Cliente é quem compra os produtos/serviços oferecidos pela empresa no último estágio da cadeia de transações. Podem ser pessoas físicas ou jurídicas.

Na análise do mercado, falou-se sobre segmentação. Com o estudo da segmentação (geográfica, demográfica, psicográfica, comportamental e multiatributos), determina-se o grupo.

É comum que empreendedores iniciantes recorram à segmentação, pois é improvável que tenham recursos suficientes para atender ao conjunto do mercado. Ao se definir a segmentação, deve-se, é claro, escolher o grupo em que as chances de o atender com sucesso sejam maiores. Como exemplo, uma confecção poderia definir sua produção para o segmento de pijamas e lingeries voltados para um público de meninas pré-adolescentes.

Quando se define um segmento de mercado, está-se definindo um grupo de pessoas com características semelhantes e que serão o foco de vendas.

Turgeon (2000) aponta alguns motivos que justificam a estratégia de segmentar o mercado: garantir a cobertura completa do mercado; ter melhor compreensão do mercado; defender-se mais facilmente da concorrência; detectar oportunidades de negócios mais rapidamente; concentrar recursos e esforços e refletir de modo mais adequado sobre as necessidades do consumidor.

Importante para o empreendedor não é utilizar vários critérios de segmentação, mas ser capaz de determinar "o" ou "os" critérios que determinam a razão de um consumidor pertencer a um determinado segmento (TURGEON, 2000).

Cabe, em seguida, conhecer o indivíduo, ou seja, suas características. Turgeon (2000) apresenta um quadro com perguntas que conduzem às informações críticas sobre a clientela-alvo em relação aos "produtos" (Quadro 6). Adaptações podem ser feitas no caso de "serviços".

Quadro 6 – Perguntas-chave no exame da clientela-alvo

QUEM É O CLIENTE?
A qual necessidade responde o produto?
O que o cliente espera do produto: que seja durável, confiável ou descartável?
Qual preço o cliente está disposto a pagar?
Onde o cliente costuma comprar esse tipo de produto? Por quê?
O que leva o cliente a comprar esse produto?
Existem períodos em que ele consome mais do que a média normal?
Ele é fiel a uma marca? É fiel a um fornecedor?
Ele é influenciado pela publicidade, por descontos e por promoções?
Ele compra por impulso ou é um comprador racional?
O que influencia sua decisão de compra: a família, os amigos ou os colegas de trabalho?

Fonte: TURGEON (2000, p. 64)

As considerações acerca do comportamento ou da idiossincrasia do consumidor[12] dependem de conhecimentos da psicologia social da região em que o produto/serviço será oferecido. Essa determinação depende, quase sempre, de análises de campo através de pesquisas aplicadas a amostras da sociedade. Entretanto, raramente, empresas nascentes têm condições de realizar tais pesquisas de mercado com um satisfatório grau de confiança. Valem-se, em razão disso, de dados secundários para fazer o exame da clientela-alvo. É provável que muitas das informações necessárias estejam disponí-

---
12 Para mais, confira Stevens *et al.* (2001. p. 87-91).

veis no IBGE, no Sebrae, nos institutos de pesquisas, nas universidades, nos órgãos do governo federal, estadual e municipal e nas associações comerciais/industriais.

Além disso, deve-se analisar a sensibilidade do consumidor às variáveis que determinam a demanda. Na análise dos produtos/serviços, discutiu-se sobre a classificação dos bens (normais, inferiores, de consumo saciável ou superiores) sob a perspectiva da renda do consumidor. Além da renda do consumidor, há outras variáveis que afetam a procura, como preço do próprio bem e dos substitutos, sazonalidade (flutuações significativas na quantidade demandada pelo produto/serviço em determinadas épocas), propaganda, facilidade de crédito, preferências dos consumidores, etc.

Nesse ponto, deve-se procurar conhecer a sensibilidade do consumidor às alterações das variáveis que são determinadas pela empresa e pelos concorrentes, como preço, prazo, promoção, número de pontos de venda, etc. Isso auxiliará a formulação das estratégias de marketing, sobre as quais se discutirá adiante.

A essa sensibilidade dá-se o nome de "elasticidade". Os conceitos mais difundidos de elasticidade da demanda são: elasticidade-renda da demanda, elasticidade-preço cruzada da demanda e elasticidade-preço da demanda. Tratou-se da elasticidade-renda da demanda (sensibilidade da procura à renda do consumidor) e da elasticidade-preço cruzada da demanda (sensibilidade da demanda à variação de preço de produtos substitutos e complementares) na seção "Estudo dos produtos/serviços", sem, entretanto, ter-se apresentado o conceito de elasticidade, que é introduzido aqui.

De acordo com a elasticidade-preço da demanda, pode-se classificar a procura como elástica, inelástica e de elasticidade unitária.

* **Elástica:** muito sensível à variação de preços. Por exemplo: se o preço aumentar 10%, a quantidade demandada diminuirá 15%;
* **Inelástica:** pouco sensível à variação de preços. Por exemplo: se o preço aumentar 10%, a quantidade demandada diminuirá 5%;
* **Elasticidade unitária:** se o preço aumentar 10%, a quantidade demanda diminuirá também 10%.

Para essa classificação, é preciso analisar alguns fatores que afetam a elasticidade-preço da demanda:

* Número de bens substitutos: quanto maior for o número de substitutos, mais elástica será a procura. Portanto, quanto mais específico o mercado, maior será a elasticidade, pois espera-se que a elasticidade por suco de uva seja maior do que a de sucos em geral, haja vista haver mais substitutos para sucos de uva do que para sucos em geral;

* Essencialidade do bem: quanto mais essencial, mais inelástica a demanda, já que, por ser o bem essencial, a probabilidade de não os adquirir é menor do que se não o fosse;

* Importância relativa do bem no orçamento do consumidor: quanto mais o consumidor gastar com o bem, em relação à sua despesa total, maior será a elasticidade da procura.

A elasticidade-preço da demanda será importantíssima na definição das estratégias de preço da empresa, sobre a qual se tratará na seção "Estratégias de marketing".

Análise da concorrência

A análise da concorrência deve ser feita de forma comparativa, ou seja, comparando atributos da sua empresa com os dos principais concorrentes. Essa análise indica as alternativas existentes no mercado de produtos/serviços em que a empresa atua ou pretende atuar, além dos porquês da opção daqueles produtos/serviços pelos clientes-alvo.

Devem-se considerar nessa análise os concorrentes diretos (que ofertam produtos/serviços similares) e indiretos (os que oferecem produtos/serviços que, apesar de distintos, desviam a compra dos seus para os deles). Ou seja, de todos os substitutos.

A comparação deve levar em conta, entre outras coisas:

* Porte das empresas;
* Preços praticados;
* Condições de recebimento de vendas;

- Localização;
- Participação de cada canal de distribuição;
- Promoção (formas, amplitude e volume financeiro empregado);
- Qualidade do atendimento;
- Qualidade do produto;
- Serviços disponibilizados (por exemplo, entrega em domicílio);
- Serviços pós-venda;
- *Market share* das marcas;
- *Share of mind* das marcas;
- Capacidade de atendimento da demanda;
- Organização interna das empresas e seus parceiros estratégicos;
- Diferenciais tecnológicos;
- Investimentos programados;
- Disponibilidade de recursos financeiros.

Algumas dessas informações podem ser obtidas por meio de visitas a empresas, ocasião em que se simula ser um cliente; outras, através de contatos com fornecedores e distribuidores em comum e de relatórios setoriais.

A análise de mercado, sobre a qual já se discutiu, provê dados para a análise da concorrência, como se percebe.

Uma forma de fazer essa análise é por meio de uma matriz com quadrantes para os indicadores avaliados e para o score da sua empresa e dos concorrentes (Quadro 7).

Quadro 7 – Análise dos principais competidores

INDICADORES	MINHA EMPRESA	CONCORRENTES						
		1	2	3	4	5	...	N
Preço								
Localização								
...								
Qualidade								
TOTAL								

Nota. Escala: 1 (pior desempenho comparativo) a n+1 (melhor desempenho comparativo)

O número de empresas concorrentes varia de mercado para mercado. Na seleção de quais concorrentes serão analisados, é importante delimitar o campo de observação ao segmento de mercado definido como de atuação, ou seja, aquelas com as quais se disputará a "fatia do bolo". Essas comparações conduzem a importantes conclusões sobre se a empresa consegue competir com os concorrentes e os porquês (diferenciais competitivos) de a clientela-alvo deixar de adquirir os produtos/serviços dos concorrentes para fazê-lo com os da sua empresa. Por isso, deve-se ser o mais honesto possível. Essa análise subsidiará, assim, o exame dos pontos fortes e fracos da empresa, a ser realizado na seção "Estratégia empresarial, a seguir".

Estratégia empresarial

A estratégia empresarial contempla a análise externa e interna da organização, a identificação dos fatores críticos de sucesso, o delineamento de objetivos e metas e da orientação estratégica (Figura 12).

```
┌─────────────────────────────────────────────────────────────────┐
│  Análise swot                                                   │
│  ┌──────────┐                                                   │
│  │ Análise  │                                                   │
│  │ do ambiente                                                  │
│  │ externo  │                                                   │
│  └──────────┘   ┌──────────┐   ┌──────────┐   ┌──────────┐      │
│        ──────▶  │Identificação│▶│Formulação│▶│Delineamento│     │
│                 │dos fatores │  │de objetivos│ │das estratégias││
│                 │críticos de │  │e metas    │  │            │   │
│                 │sucesso    │   └──────────┘   └──────────┘    │
│  ┌──────────┐   └──────────┘                                    │
│  │ Análise  │                                                   │
│  │ do ambiente                                                  │
│  │ interno  │                                                   │
│  └──────────┘                                                   │
└─────────────────────────────────────────────────────────────────┘
```

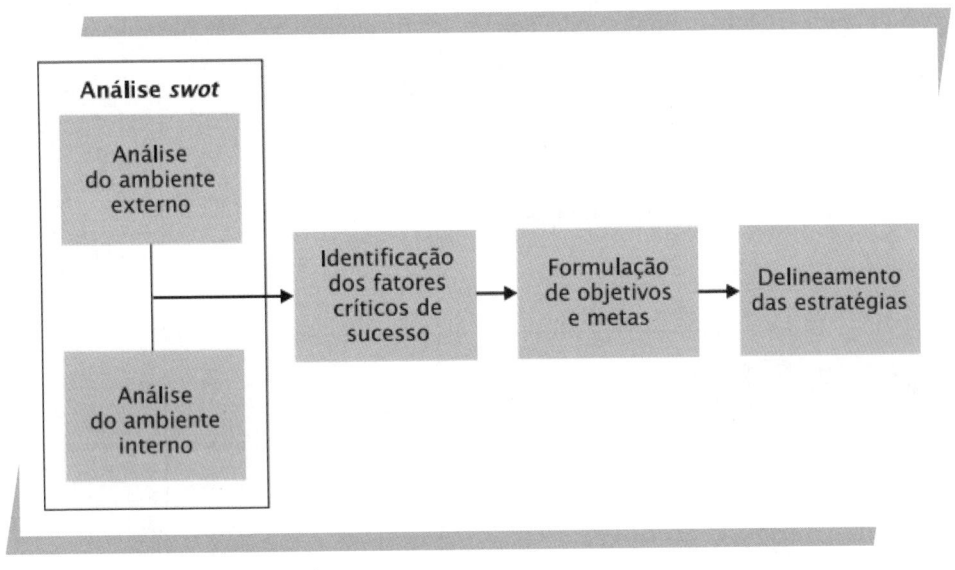

Figura 12 – Estratégia empresarial

Uma técnica que tem sido largamente utilizada para fazer a análise externa e interna da organização, sobretudo devido à sua simplicidade, é a análise SWOT.

SWOT é um acrônimo de quatro palavras da língua inglesa:

* *Strengths* (forças);
* *Weakness* (fraquezas);
* *Opportunities* (oportunidades);
* *Threats* (ameaças).

Na Figura 13, faz-se a representação clássica da análise SWOT.

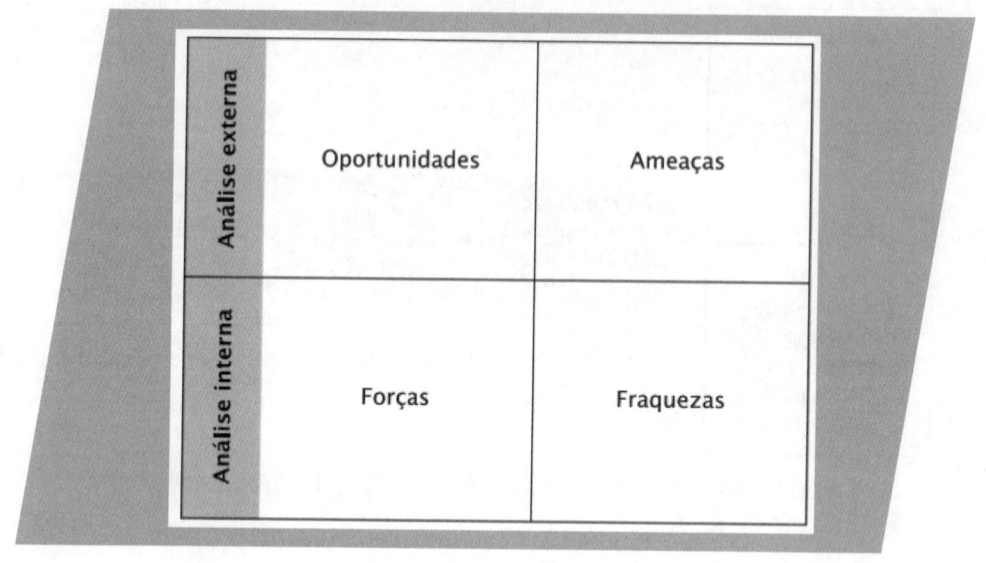

	Oportunidades	Ameaças
Análise externa		
Análise interna	Forças	Fraquezas

Figura 13 – Representação gráfica da análise SWOT

As ameaças e as oportunidades estão relacionadas com o ambiente externo da empresa; as forças e fraquezas, ao interno.

As oportunidades e as ameaças são identificadas a partir do macroambiente (econômico, político, legal, demográfico, cultural, etc.). Vale esclarecer que o ideal é que somente os fatores definidos como críticos (importantes) sejam transpostos para a matriz SWOT.

As forças dizem respeito ao que a empresa faz bem, ao que os outros observam como qualidade na empresa e aos recursos que se têm em mãos. As fraquezas, por sua vez, ao que se pode melhorar e evitar.

Dornelas (2001) adverte que identificar vários pontos fracos não significa ser incompetente, pelo contrário, significa que as limitações do negócio são reconhecidas (o primeiro passo para minimizá-las), e isso é sinal de competência e maturidade. Dornelas (2001) ainda sugere que se devem priorizar esforços para que sejam minimizadas as fragilidades que mais afetam negativamente o negócio.

A análise SWOT deve ser feita, preferencialmente, relacionando forças com oportunidades e fragilidades com fraquezas, numa avaliação dinâmica dos fatores críticos de sucesso do negócio.

Após essa análise, deve-se fazer a matriz de classificação dos ambientes (Figura 14).

Ambiente interno	*Favorável*	1º quadrante	2º quadrante
	Desfavorável	3º quadrante	4º quadrante
		Favorável	*Desfavorável*
		Ambiente externo	

Figura 14 – Matriz de classificação do ambiente
Fonte: Adaptado de McKinsey e Ashoka (2001, p. 79).

Essa análise permite que se formulem hipóteses razoáveis e coerentes sobre a situação atual e futura da empresa, inclusive quanto à previsão de vendas.

No primeiro quadrante, todos os fatores estão a favor da organização. Possivelmente, pouca concorrência, grande demanda, equipe competente e condições conjunturais atraentes.

No segundo quadrante, a empresa está bem preparada, mas as condições externas não são favoráveis. Caso as ameaças sejam tão significativas que impeçam a abertura do negócio, podem-se aguardar melhores condições. Uma possível alternativa é abrir novas linhas de negócios em áreas com melhores condições.

No terceiro quadrante, somente a situação externa é favorável. Possivelmente, a equipe aprenderá sobre o negócio à medida que a empresa opera. Conceitualmente, quando a empresa consegue alcançar todo o seu potencial de aprendizagem, há a migração para o primeiro quadrante.

Por fim, no quarto quadrante, as condições internas e externas estão desfavoráveis, indicando que potencialmente o negócio fracassará. O plano de negócios serviu, portanto, para identificar essa situação antes que fossem investidos recursos e mais esforços na constituição de um negócio que não traria retorno.

Feita a análise SWOT completa, podem-se identificar os fatores críticos de sucesso. Fatores críticos de sucesso são aspectos do negócio que determinam o sucesso ou o fracasso das empresas em determinada indústria.

Como exemplificam Thompson Jr. e Strickland III (2000), em uma cervejaria, os fatores críticos de sucesso seriam a utilização total da capacidade de produção instalada (para manter baixos os custos de produção), uma forte rede de distribuição (para obter acesso ao máximo de pontos de venda no varejo) e uma boa propaganda (para induzir os consumidores a comprarem sua marca).

A determinação dos fatores críticos de sucesso, à luz da análise da competitividade, é a consideração analítica mais importante, pois podem-se conseguir vantagens competitivas pautando as estratégias e a energia nos fatores críticos.

Os fatores críticos variam de indústria para indústria, e mesmo dentro da mesma indústria ao longo do tempo, pois as condições competitivas mudam.

Com base na análise SWOT e nos fatores críticos de sucesso, traçam-se os objetivos e as metas, que são o referencial do planejamento, ou seja, o que a empresa busca alcançar. Esses objetivos são expressos por meio de frases; já as metas, por meio de números. Vale lembrar que várias metas podem referir-se a um mesmo objetivo.

Para Ansoff e McDonnell (1993), há basicamente quatro categorias de objetivos (não excludentes): de desempenho (crescimento de faturamento ou de *market share* e rentabilidade), de risco (invulnerabilidade e oportunidade estratégica), de sinergia (administrativa, funcional e estratégica) e social (bem-estar dos clientes internos e para a sociedade como um todo).

Formulados os objetivos e as metas, devem-se delinear as estratégias a serem utilizadas para atingir as metas e alcançar os objetivos.

Há várias classificações para as estratégias das empresas: genéricas, definidas por Porter (1986); adaptativas, identificadas por Miles e Snow (1978), etc.

Porter (1986) resumiu as estratégias de uma empresa em três categorias genéricas (Figura 15).

		VANTAGEM COMPETITIVA	
		Baixo Custo	Diferenciação
ESCOPO COMPETITIVO	Amplo	1 Liderança em Custo	2 Diferenciação
	Estreito	3.A Foco em Custo	3.B Foco na Diferenciação

Figura 15 – Estratégias genéricas
Fonte: Adaptado de Porter (1986, p. 12).

* **Liderança no custo:** as empresas concentram esforços para produzir a baixo custo através de alguns artifícios, como manter um escopo amplo que atenda a muitos segmentos, à economia de escala, tecnologia patenteada, acesso preferencial a matérias-primas, entre outros fatores. Isso gera uma barreira substancial aos novos entrantes, além de defender a empresa com relação a compradores e fornecedores e, com isso, colocá-la em posição favorável em relação aos produtos substitutos. Via de regra, um produtor de baixo custo vende um produto-padrão;

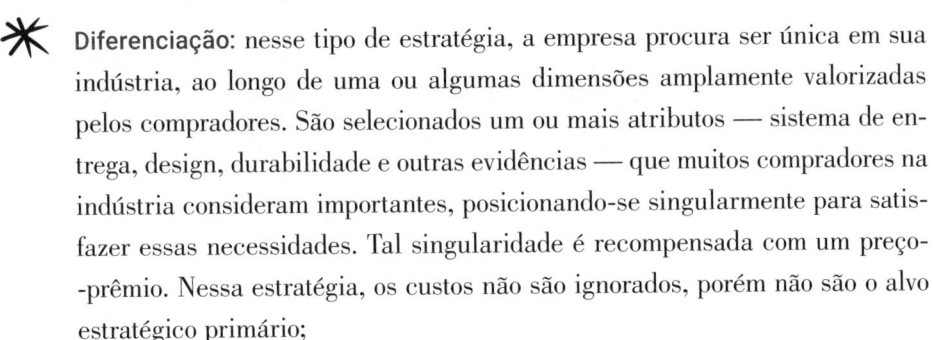

* **Diferenciação:** nesse tipo de estratégia, a empresa procura ser única em sua indústria, ao longo de uma ou algumas dimensões amplamente valorizadas pelos compradores. São selecionados um ou mais atributos — sistema de entrega, design, durabilidade e outras evidências — que muitos compradores na indústria consideram importantes, posicionando-se singularmente para satisfazer essas necessidades. Tal singularidade é recompensada com um preço-prêmio. Nessa estratégia, os custos não são ignorados, porém não são o alvo estratégico primário;

* **Foco:** consiste em selecionar um segmento ou um grupo de segmentos na indústria e adaptar a estratégia para atendê-los, excluindo os outros. Assim, procura obter vantagem competitiva em seus segmentos-alvo, embora não possua uma vantagem competitiva geral. Essas diferenças implicam que os segmentos são atendidos de uma forma insatisfatória por concorrentes com alvos amplos, que os atendem ao mesmo tempo em que atendem aos outros. A estratégia pode ser de foco na diferenciação — na qual as ofertas são diferenciadas no mercado-alvo —, ou em custo — venda a baixo custo.

Lembre-se de que na seleção da estratégia, devem-se considerar os objetivos e as metas estabelecidos.

Estratégias de marketing

As estratégias de marketing referem-se aos meios que a empresa utiliza para alcançar objetivos. Feitas as análises do mercado, dos clientes, da concorrência, do produto/serviço do ponto de vista do mercado e a estratégia empresarial, as precondições para se traçarem as estratégias de marketing estão completas.

Tais estratégias referem-se ao mix de marketing, que geralmente é descrito em termos dos quatro "Ps" — ou composto de marketing (Figura 16). Esse modelo foi idealizado por Jerome McCarthy, da Universidade de Michigan (EUA) no final da década de 1950 e início da década de 1960. O modelo é formado por quatro elementos essenciais de marketing que guardam muitos conceitos simplificados mnemonicamente em quatro palavras: produto, praça, preço e promoção[13] (Ambrósio, 1999).

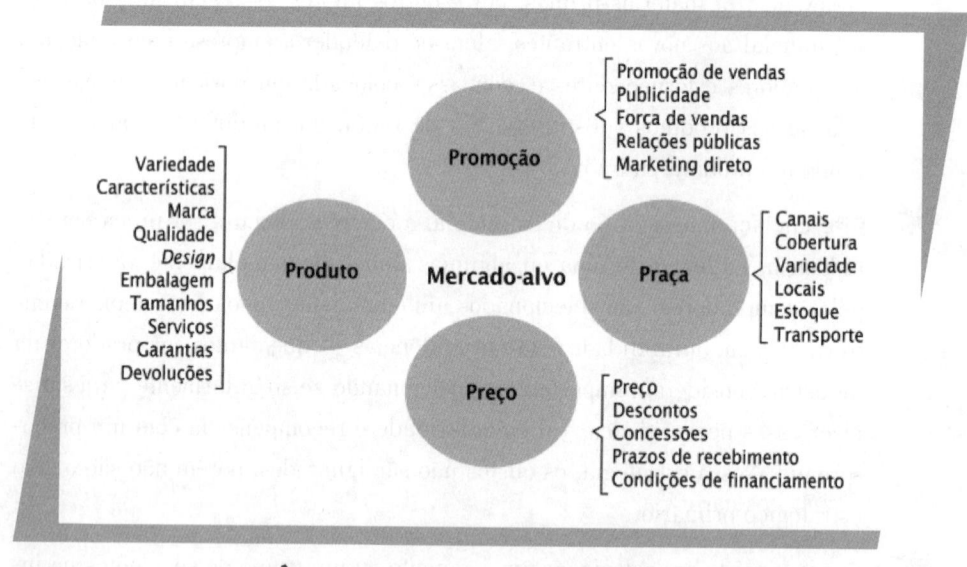

Figura 16 – Mix de marketing

---

[13] Críticos do modelo defendem que além dos quatro Ps originais (*product, place, price* e *promotion*) deveria haver um quinto "P" para embalagem (*packaging*); um sexto, para pessoas (*people*) e ainda um sétimo, para lucro (*profit*). Considera-se que esses Ps já estão integrados aos quatro originais. A embalagem está no produto; o lucro, no preço; e as pessoas permeiam todos os quatro Ps, haja vista o consumidor ser o centro de todo esforço de marketing. Assim, deu-se preferência à forma original dos quatro Ps

Produto/serviço

Nesta altura, cabe fazer a descrição do produto/serviço do ponto de vista físico. Inicialmente, devem-se identificar e descrever (inclusive o registro de marcas, patentes e direitos autorais)[14] os produtos/serviços que serão ofertados pela empresa. No caso de produtos, além da descrição (cor, tamanho, modelo, etc.), é comum acrescentar fotografias.

O produto é mais do que seus componentes físicos; o produto total é composto do *offering* físico (Figura 17).

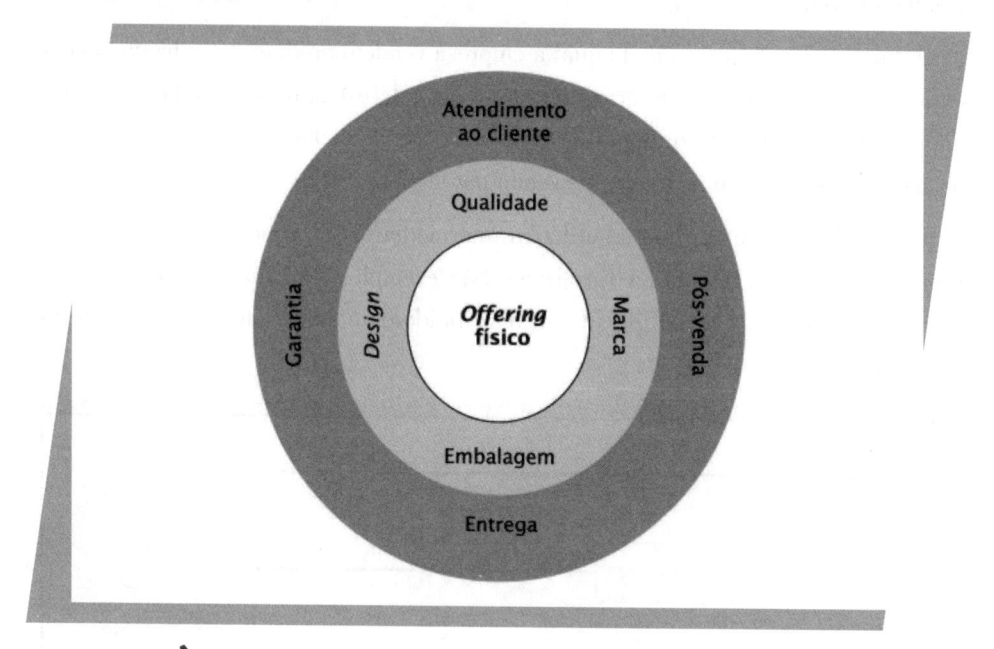

Figura 17 – Exemplo de *offering* físico de produto

É interessante realçar os aspectos que diferenciam seu produto/serviço do dos concorrentes, e o relacionamento das características dos seus produtos/serviços com o atendimento das expectativas e das necessidades dos clientes-alvo. Nesse sentido, importa evidenciar se produtos/serviços das empresas são altamente diferenciados, fracamente diferenciados ou essencialmente idênticos.

---

14 Sobre isso, visite o site do Instituto Nacional de Propriedade Industrial (www.inpi.gov.br) e da Câmara Brasileira do Livro (www.cbl.org.br).

Praça

O "P" praça é entendido como distribuição. Distribuição, por sua vez, refere-se à forma adotada para se levar o produto/serviço até o consumidor. É, portanto, uma parte fundamental para um planejamento bem-sucedido.

A definição da estratégia de distribuição baseia-se em duas condições: tipo de canal e tipo de distribuição.

De maneira geral, existem dois tipos de canais de distribuição a serem considerados: direto e indireto.

O direto é aquele por meio do qual a empresa vende o produto diretamente ao consumidor final, sem utilizar intermediários, através da estrutura de vendas da própria empresa. São exemplos: venda por meio de visita de vendedores, lojas próprias, venda por meio de site próprio na internet e venda por telefone.

O indireto, aquele em que se utilizam intermediários no processo de distribuição (representantes, atacadistas ou varejistas). São exemplos de canais indiretos: revendedores autorizados, cadeias de varejo, distribuidores e site de terceiros na internet (Figura 18).

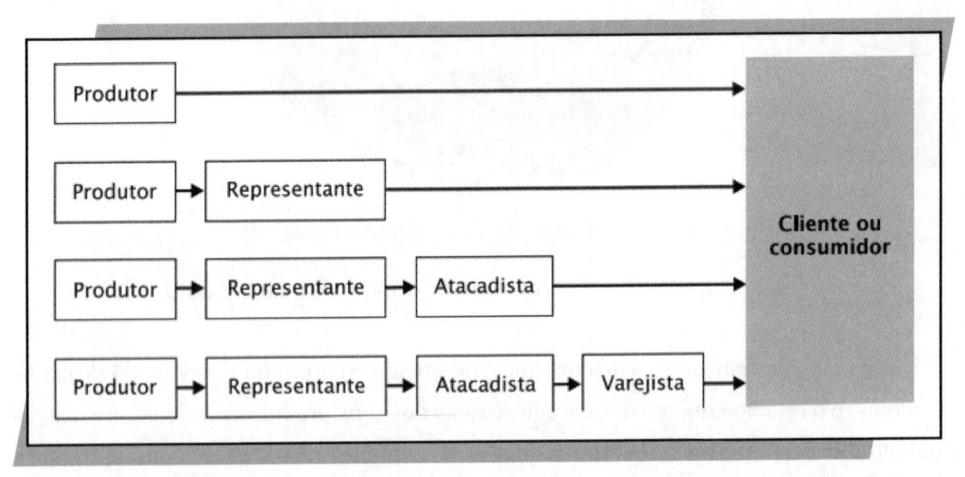

Figura 18 – Canais de distribuição
Fonte: Adaptado de Chiavenato (2005, p. 204).

Quanto ao tipo de distribuição, pode ser: intensiva, seletiva ou exclusiva.

A distribuição intensiva é aquela em que se pretende colocar os produtos à disposição em todos os pontos de venda nos quais a probabilidade de vendas é razoável.

A seletiva, a que tem o número de pontos de venda limitado segundo uma seleção feita pela empresa.

A exclusiva diz respeito à concessão de direitos exclusivos de distribuição a um determinado ponto de venda ou área geográfica.

É certo que as características dos produtos/serviços interferem diretamente na definição das estratégias de distribuição. Além disso, devem-se considerar a estrutura de armazenagem, a localização dos depósitos e os meios de transportes utilizados (DORNELAS, 2001).

A estratégia de distribuição definida tem influência no preço. Se, por um lado, a venda direta requer custos de promoção e vendas, o uso de intermediários reduz a margem de lucro unitário do produto. Convém, portanto, avaliar se a venda direta ou o uso de intermediários compensa os custos.

No caso do uso de canal de distribuição indireto, é importante conhecer as diferentes margens de lucro (*markup*, retorno sobre o investimento — ROI ou margem fixada)[15] das etapas de distribuição, a fim de garantir que o preço final do produto seja competitivo (CHIAVENATO, 2005).

Recomenda-se também que esse ponto seja feito pelo seguinte processo: listar os potenciais canais de distribuição; escolher o canal a ser utilizado baseando-se no contexto do negócio, nas características da clientela-alvo e no custo do canal; e, finalmente, determinar o tipo de distribuição.

Preço[16]

Na sua definição, devem-se considerar o preço que os clientes e consumidores estão dispostos a pagar; o preço praticado pelas empresas concorrentes e o preço que se pede pelo produto/serviço oferecido. Olha-se, portanto, para si, para os concorrentes e para os clientes e os consumidores.

Antes de definir um preço para os produtos/serviços, é relevante estabelecer os objetivos da empresa. São três os principais, listados no Quadro 8.

---

15 O preço de venda, pelo critério do custo, pode ser definido pela fixação de *markup*, do ROI (retorno sobre o investimento) ou de margem. Discorrer-se-á sobre isso com mais detalhes adiante.
16 Para maior aprofundamento, recomenda-se a leitura de Nagle e Hogan (2007), Assef (2005) e Bernardi (2004).

Quadro 8 – Principais objetivos da política de preços

OBJETIVOS	DESCRIÇÃO
Financeiros	• Obter maior ROI (retorno sobre o investimento). • Maximizar o lucro. • Recuperar o investimento feito. • Encorajar o pagamento à vista ou a prazo. • Recuperar caixa. • Obter ganhos de escala por meio do volume de vendas.
Mercadológicos	• Ganhar *market share*. • Alcançar rápido crescimento de vendas. • Promover linhas de produtos. • Criar interesse pelo produto. • Relacionar o preço à imagem que se deseja formar da empresa e do produto/serviço.
Estratégicos	• Manter a lealdade dos canais de distribuição. • Criar barreiras à entrada de novos concorrentes. • Eliminar concorrentes. • Sinalizar determinada postura à concorrência.

Na determinação do preço, são utilizados, normalmente, três critérios: com referência nos custos, na demanda e na concorrência.

O método de apreçamento com referência nos custos leva em consideração o interior da empresa, ignorando fatores do mercado, como a sensibilidade dos consumidores ao preço dos produtos e seus substitutos. Nesse método, os preços são baseados nos custos dos produtos/serviços. Os mais utilizados estão discriminados no Quadro 9.

Quadro 9 – Critérios de apreçamento com base no custo

CRITÉRIOS	FÓRMULAS
Markup	$PV = \dfrac{CT_u}{1 - Markup}$
Margem	$PV = (1 + Margem) \times CT_u$
ROI (retorno sobre o investimento)	$PV = \dfrac{ROI \times CF_0}{Q}$

Legenda: PV = Preço de venda; CT_u = Custo total unitário; CF_0 = Investimento inicial; Q = Volume de vendas

O *markup* e a margem têm o mesmo fundamento, mas com referências distintas. O *markup* corresponde ao valor ou ao percentual de lucro que se deseja sobre o preço de venda do produto/serviço, ao passo que a margem, ao valor ou ao percentual de lucro que se deseja sobre o custo do produto/serviço. O *markup* ou a margem aplicada pode ser diferenciada por produto/serviço ou categorias de produtos/serviços.

Tanto o critério da fixação de *markup* quanto o de margem não são objetivos em relação à rentabilidade do investimento. A definição da margem de lucro ótima é feita com base na tradição ou na experiência de outras empresas. Podem, portanto, não ser satisfatórias em vista dos investimentos realizados.

O ROI, por sua vez, é um índice que indica a rentabilidade obtida por unidade monetária investida. Um valor percentual (ROI) é multiplicado[17] pelo investimento inicial (I) e divido pelo volume de vendas estimado. Esse critério elimina a falta de objetividade do *markup* e da margem, já que se pauta diretamente na rentabilidade desejada. Por outro lado, pode indicar um preço muito elevado, de forma a inviabilizar a comercialização dos produtos/serviços.

Os produtos/serviços têm estruturas de custos distintas e valores diversos para os clientes, portanto, comportam margens de lucro igualmente diferentes, mas o método de fixação do ROI não permite essa necessária flexibilidade. Definir o preço através somente

---

[17] Esse percentual é, via de regra, definido com base no custo de oportunidade (rentabilidade mínima para que se invista na oportunidade identificada). Na seção "Plano financeiro", o tema custo de oportunidade será devidamente tratado.

de métodos de apreçamento baseados no custo é um equívoco. Ignorar tal critério, porém, é um equívoco ainda maior, pois tais métodos são um excelente parâmetro do preço mínimo que se está disposto a praticar, dada a estrutura de custos dos produtos/serviços, volume de vendas e margem de lucro exigida para operacionalizar o negócio.

O método com referência na demanda ignora a situação da empresa e foca somente o mercado-alvo. Esse método é determinado de acordo com os objetos que se pretendem alcançar. Os mais comuns são especificados no Quadro 10.

Quadro 10 – Estratégias de apreçamento com base da demanda

ESTRATÉGIAS	OBJETIVOS
Penetração	Normalmente, é utilizada na fase de introdução do ciclo de vida do produto/serviço. Consiste em lançar o produto/serviço abaixo do preço de mercado praticado pelos concorrentes. A ideia é oferecer um benefício imediato aos compradores. Usualmente, após a fase de lançamento, os preços sobem gradativamente. Nesse caso, as "regras do jogo" devem estar claras, a fim de evitar que os clientes deixem de comprar o produto/serviço quando os preços subirem. Essa estratégia possibilita obter economias de escala, melhorando a margem de lucro, e criar barreiras à entrada de novos concorrentes. Por outro lado, também permite associar preço à qualidade.
Paridade	Procura equiparar o preço do produto/serviço ao preço médio dos principais concorrentes. Geralmente, é usada por empresas que possuem diferencial em seus produtos/serviços e que pretendem oferecê-los ao mesmo preço para motivar a experimentação e conquistar clientes.
Skimming	É baseada em um preço mais alto em relação aos dos principais concorrentes, geralmente suportado por uma inovação capaz de ser percebida pelos clientes. Ocorre por um período determinado de tempo (inovação no produto, por exemplo) e, se a vantagem não puder ser sustentada, o preço é reduzido até o equilíbrio com os concorrentes. Possibilita maximizar a receita em curto prazo, permitindo retorno mais rápido do investimento.
Premium	Assim como a *skimming*, é baseada em um preço mais alto em relação ao dos principais concorrentes. Porém, é utilizada quando o produto/serviço tem algum elemento de exclusividade que sustenta a estratégia por longo período. Os melhores hospitais, como o Hospital Sírio-Libanês e o Hospital Albert Einstein, no Brasil, são bons exemplos disso.

No Quadro 10, como se observa, cada objetivo é alinhado a uma estratégia de posicionamento de preço. Essa abordagem de posicionamento tem como foco a concorrência. Outra perspectiva, complementar a essa, é focada na demanda, e se ampara na economia comportamental — cujo campo rendeu um Nobel ao economista Richard Thaler em 2017. Por exemplo, um achado da economia comportamental, mais especificamente da teoria da perspectiva (KAHNEMAN; TVERSKY, 1992), é que as pessoas têm aversão à perda com coeficiente médio de 2,25; ou seja, perder causa 2,25 mais impacto do que ganhar. Outro achado é que as pessoas têm dependência de referência; ou seja, ao avaliar uma opção, elas têm uma referência que é usada para avaliar ganhos e perdas. Essas referências podem decorrer da experiência passada ou de estímulos no momento presente.

Com base nisso, estratégias de precificação, como a ancoragem, têm sido utilizadas. Veja a seguir as opções A, B e C de anúncios na internet (Figura 19).

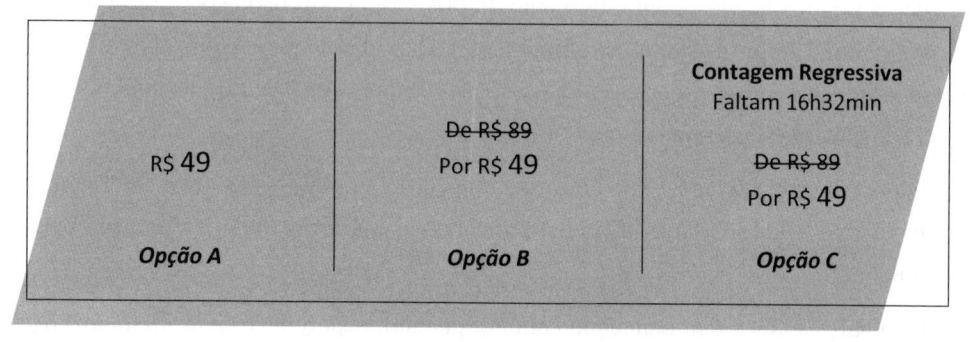

Opção A	Opção B	Opção C
R$ 49	~~De R$ 89~~ Por R$ 49	**Contagem Regressiva** Faltam 16h32min ~~De R$ 89~~ Por R$ 49

Figura 19 – Ancoragem

No anúncio a ancoragem está no preço tachado (Opções B e C), que é a referência para fazer a pessoa entender que o preço sugerido é uma boa opção de compra. Na opção C, adiciona-se o estímulo de aversão à perda, dando a impressão de que se a compra não for feita tão logo, a pessoa perderá a oportunidade de fazer um bom negócio.

Outra estratégia bastante utilizada é o efeito isca (*decoy effect*). A ideia é similar à de ancoragem, mas no geral, inclui uma opção claramente desvantajosa como isca para a opção que se deseja estimular. Por exemplo, considere as opções de assinatura de uma revista, como mostrado no exemplo de **web-banner** que segue (Figura 20).

	Melhor Escolha	
R$ 240 1 ano Impressa	R$ 250 1 ano Impressa + Digital	R$ 50 1 ano Digital

Figura 20– Efeito isca

A opção de assinatura da revista Impressa é claramente desvantajosa, pois com o acréscimo de R$ 10,00 (ou apenas 4,2%) pode-se ter também a versão digital, que sozinha custa R$ 50,00. Ou seja, pelo acréscimo de 20% do valor da assinatura digital — ou, em outros termos, com o desconto de 80%. Com isso não espera fazer a venda da assinatura "Impressa", mas da "Impressa + Digital" ou apenas da "Digital". Além disso, a indicação da melhor escolha na opção "Impressa + Digital" chama a atenção para a opção que se deseja reforçar.

Importa registrar que se não houvesse a opção "Impressa", mas apenas "Impressa + Digital" e "Digital", haveria o efeito ancoragem impulsionando a venda da opção Digital.

Para saber mais sobre economia comportamental, sugere-se o livro ***Misbehaving: a construção da economia comportamental*** de Thaler. Já para ampliar o entendimento sobre psicologia do preço, recomenda-se o livro ***The psychology of price: how to use price to increase demand, profit and customer satisfaction*** de Cadwell.

Em complemento, sobre estratégias de precificação, recomenda-se o webinar "Quer pagar quanto?", disponível no canal no YouTube A3 Ciência & Negócios[18], no qual os professores Everton Assis Cunha e Daniel Modenesi discutem diversas estratégias de precificação (por exemplo, *decoy*, ancoragem, preço não linear, etc.).

---

18 Disponível em: www.youtube.com/A3CienciaNegocios

Dando seguimento, a limitação dos métodos referenciados na demanda diz respeito à enorme dificuldade de se mensurar a elasticidade dos clientes em relação ao preço[19]. O método com referência na concorrência se volta, assim como o da demanda, para fora da empresa. Seu foco é orientado para as práticas de preço dos concorrentes. As decisões baseadas nesse critério, geralmente, estão condicionadas aos movimentos que a concorrência faz ou os quais se espera que faça.

A importância da concorrência no apreçamento depende, em grande medida, da conformação concorrencial do mercado e do comportamento do consumidor. No caso de ser um mercado altamente fragmentado, espera-se que os clientes se comportem como *price research*. Logo, pequenas variações no preço são relevantes, ao passo que, se o mercado for oligopolizado, em que há uma tendência natural de equiparação dos preços — e de homogeneidade de produtos —, pequenas alterações não são tão relevantes.

A utilização de um critério não exclui a dos demais. Pelo contrário, é desejável que se utilize uma estratégia mista, pois o custo, a demanda e a concorrência são variáveis e não podem ser ignoradas. A importância relativa de cada uma delas varia de mercado para mercado.

Sugere-se que o critério do custo seja utilizado para estabelecer um patamar mínimo de preço; o da concorrência, para definir a melhor maneira de alcançar os objetivos mercadológicos, estratégicos e financeiros (além de contribuir para a determinação do preço de referência); e o da demanda, no balizamento final.

Apresenta-se, passo a passo, uma metodologia para formação de preço de venda[20]:

✻ **1º passo:** definição do posicionamento do produto/serviço;

✻ **2º passo:** definição dos objetivos do preço (financeiros, estratégicos e/ou mercadológicos);

✻ **3º passo:** análise interna (abordagem de custo: definição do preço mínimo).

---

[19] É um princípio elementar da teoria econômica: a demanda por um produto/serviço e seu preço guardam entre si relação inversa, considerando um bem normal. Ou seja, a diminuição do preço de um produto/serviço, *coeteris paribus*, conduz ao aumento da quantidade demandada por esse produto/serviço – devido ao efeito renda e ao efeito substituição. Contudo, para quantificar como reage a demanda em consequência de alterações no preço, é preciso definir a elasticidade-preço da demanda, com base na função demanda-preço do produto/serviço, só que, muitas vezes, essa função não é conhecida. Para um aprofundamento do assunto, veja Buarque (1984, p. 46-49).
[20] Alguns conceitos aos quais se fará menção neste ponto (como custo fixo, custo variável, etc.) serão devidamente abordados no capítulo 9 – "Plano Financeiro".

O preço mínimo equivale ao "ponto de equilíbrio do preço", ou seja, preço de venda idêntico ao preço de custo.

Então:

$$PV_{mínimo} = PC_{PV_{mínimo}}$$

Notação:

$PV_{mínimo}$ = Preço de venda mínimo

$PC_{PV_{mínimo}}$ = Preço de custo do preço de venda mínimo

Sendo:

$$PC_{PV_{mínimo}} = CV_\$ + CF_{rateado} + CV_\% \times PV_{mínimo} - Créditos_{tributos}$$

Notação:

$CV_\$$ = Custo variável unitário em valores monetários (como insumos, embalagens etc.)

$CF_{rateado}$ = Custo fixo rateado[21]

$CV_\%$ = Soma dos percentuais dos custos variáveis incidente sobre preço de venda (como tributos, comissões, etc.)

Substituindo:

$$PV_{mínimo} = CV_\$ + CF_{rateado} + CV_\% \times PV_{mínimo} - Créditos_{tributos}$$

Colocando $PV_{mínimo}$ em evidência:

$$PC_{PV_{mínimo}} - CV_\% \times PV_{mínimo} = CV_\$ + CF_{rateado} - Créditos_{tributos}$$

Então:

$$PV_{mínimo} = \frac{CV_\$ + CF_{rateado} - Créditos_{tributos}}{1 - CV_\%}$$

---

21 Existem diversos critérios para o rateio do custo fixo. Indica-se a utilização do método de custeio direto. Por esse método, apuram-se as margens de contribuição de cada produto/serviço. A margem de contribuição é a diferença entre o preço de venda e o custo variável unitário. Portanto, ela informa a contribuição direta de cada produto/serviço para o resultado final da empresa. Apuradas as margens de contribuição, definem-se os percentuais do custo fixo a serem rateados por produtos/serviços pelo critério da proporcionalidade. Por exemplo: se a margem de contribuição do produto A representar 5% da margem de contribuição total (de todos os produtos), para esse produto será considerado 5% do custo fixo unitário na determinação do seu preço de custo. Para mais, veja Assef (2003, p. 33-81).

Note-se que o preço de venda mínimo gera um lucro nulo:

$$PV_{mínimo} - (CV_\$ + CF_{rateado} + CV_\% \times PV_{mínimo} - Créditos_{tributos}) = 0$$

✳ **4º passo:** análise externa (abordagem da concorrência e da demanda):

   ✳ Coletar o preço praticado pelos concorrentes;

   ✳ Calcular a média e os limites inferior (média menos desvio-padrão) e superior (média mais desvio-padrão) do preço dos concorrentes;

   ✳ Plotar os dados em um gráfico (preço dos concorrentes individualizados, média, limites inferior e superior e preço mínimo).

Veja exemplo na Figura 21.

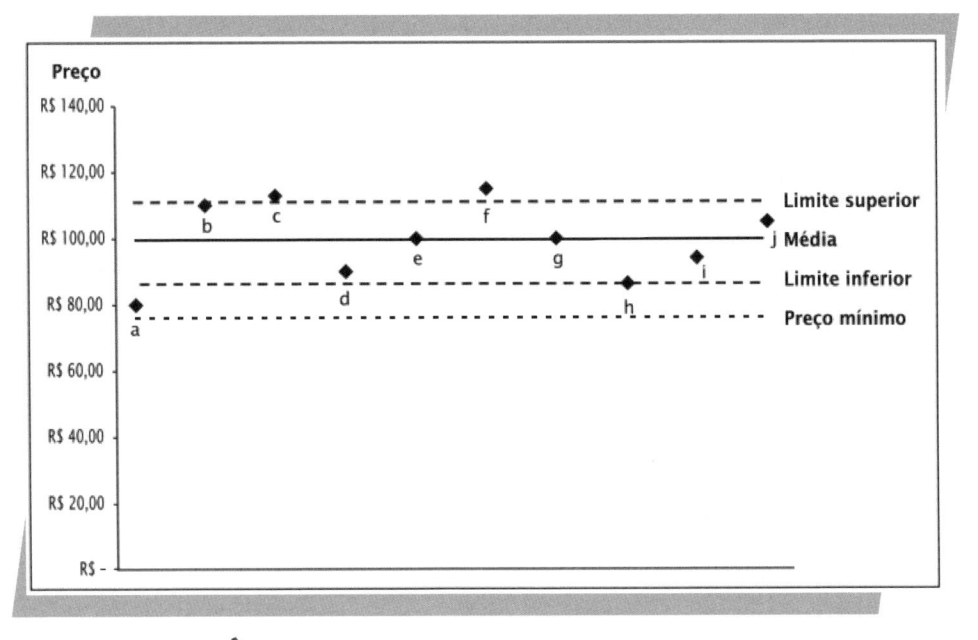

Figura 21 – Análise do preço de venda

O preço médio e os limites inferior e superior permitem fazer uma boa análise comparativa dos preços. Quanto mais próximos forem os limites do preço médio, mais semelhantes serão os preços praticados. Quanto mais distantes, mais diferentes serão os preços, o que pode significar produtos altamente diferenciados ou com valor percebido pelo cliente de forma bastante distinta.

O preço mínimo é um bom indicador para analisar a estrutura de custos das empresas e suas estratégias. Se houver competidores com preços próximos do mínimo do produto em análise, pode significar, entre outras coisas, que o competidor goza de economia de escala e efeitos da curva de experiência ou que seu produto tem qualidade inferior ou que a margem de lucro do produto é pequena ou negativa[22].

Os preços de cada concorrente, em conjunto com os demais itens, permitem ter uma boa noção de posicionamento de cada um dos competidores.

✳ 5º passo: avaliar a melhor alternativa estratégica (penetração, paridade, *skimming*, premium) a ser adotada, tendo como parâmetros:

  ✳ O segmento e o posicionamento do produto/serviço;

  ✳ Os objetivos do preço (financeiros, estratégicos e/ou mercadológicos);

  ✳ O preço mínimo; *markup* mínimo desejado.

Feito isso, é possível determinar o preço a praticar, que pode ser definido pela seguinte expressão:

$$PV = \frac{CV_\$ + CF_{rateado} - Créditos_{tributos}}{1 - (CV_\% + Markup)}$$

Exemplo:

✳ Preço pago ao fornecedor: R$ 75,00.

✳ Tributos (incidentes sobre preço de venda): 24,2%.

✳ Comissões (incidente sobre preço de venda): 2%.

✳ Crédito de impostos (sobre preço pago ao fornecedor): 12%.

✳ Custo fixo rateado: R$ 3,41.

Qual o preço mínimo?
Temos:

$$PV_{mínimo} = \frac{CV_\$ + CF_{rateado} - Créditos_{tributos}}{1 - CV_\%}$$

---

22 Alguns produtos podem ter margem de lucro nula ou negativa, desde que sejam complementares a outros, cuja margem de lucro cubra seu prejuízo.

Substituindo:

$$PV_{mínimo} = \frac{75,00 + 3,42 - 0,12 \times 75,00}{1 - (0,242 + 0,02)}$$

Desenvolvendo:

$$PV_{mínimo} = \frac{78,41 - 9,00}{1 - 0,262}$$

Então:

$$PV_{mínimo} = \frac{69,41}{0,738} = 94,05$$

Conferindo:

$$PV_{mínimo} - (CV_\$ + CF_{rateado} + CV_\% \times PV_{mínimo} - Créditos_{tributos}) = 0$$

Substituindo:

94,05 − (75,00 + 3,41 + 0,242 × 94,05 + 0,02 × 94,05 − 0,12 × 75,00) = 0

94,05 − (69,41 + 0,262 × 94,05) = 0

94,05 − (69,41 + 24,64) = 0

94,05 − 94,05 = 0

Desejando-se um **markup** de 25%:

$$PV = \frac{CV_\$ + CF_{rateado} - Créditos_{tributos}}{1 - (CV_\% + Markup)}$$

Substituindo:

$$PV = \frac{75,00 + 3,41 - 0,12 \times 75,00}{1 - (0,262 + 0,25)}$$

Tem-se:

$$PV = \frac{69,41}{0,488} = 142,23$$

Conferindo:

Markup = 142,23 − (75,00 + 3,41 + 0,262 × 142,23 − 0,12 × 75,00)

Markup = 142,23 − (75,00 + 3,41 + 37,26 − 9,00)

Markup = 142,23 − 106,67 = 35,56

Sendo assim, R$ 35,56 equivale a 25% do preço de venda. Ou seja, o *markup* desejado:

$$Markup = \frac{35,56}{142,23} = 0,25$$

Esclarece-se que, no webinar "Quer pagar quanto?", recomendado anteriormente, eu apresento, junto com os professores Everton Assis e Daniel Modenesi, um exemplo usando essa abordagem do preço mínimo e de análise da concorrência. Cabe também fazer duas observações finais sobre o preço.

Primeiro, nem sempre o preço fixado pela empresa corresponde ao preço para o consumidor. No caso de se utilizarem canais intermediários de distribuição, espera-se que cada intermediário acrescente ao preço definido pela empresa uma margem de lucro que tornará o preço mais alto ao consumidor. Portanto, na avaliação da demanda e da concorrência, isso deve ser observado.

Segundo, o preço é o elemento do mix de marketing que tem o maior efeito alavancagem sobre lucro (DIAMANTOPOULOS, 2005). Por exemplo, considerando o preço de venda de R$ 100,00, o volume de vendas de R$ 1.500, o custo variável unitário de R$ 60,00 e o custo fixo de R$ 20.000,00; a variação positiva de 10% no preço de venda (de 100,00 para 110,00) e no volume de vendas (de 1.500 para 1.650), e negativa de 10% no custo variável unitário (de 60,00 para 54,00) e no custo fixo (de 20.000,00 para 1.800,00), impacta o lucro, respectivamente, em 37,5% (preço de venda), 15% (volume de vendas), 22,5% (custo variável unitário) e 5% (custo fixo). Assim, numa situação de lucro inicial, o efeito alavancagem do preço de venda sobre o lucro sempre será superior ao efeito do volume de vendas, do custo variável unitário e do custo fixo.

Promoção

Entende-se a promoção, o último P do mix de marketing sobre o qual se falará, como qualquer forma de divulgação do produto/serviço que objetive predispor o cliente ou consumidor em potencial para sua compra. A promoção pode ser feita utilizando-se vários veículos de comunicação, cuja escolha, periodicidade e quantidade dependem da clientela-alvo que se quer alcançar e da dotação orçamentária definida para promoção. Podem-se citar como exemplos:

- Campanhas veiculadas na televisão;
- Campanhas veiculadas na rádio;
- Remessa de mala-direta;
- Distribuição de prospectos ou panfletos;
- Anúncios em outdoor, busdoor, revistas, jornais e lista telefônica;
- Banner na internet;
- Display em pontos de venda;
- Participação em feiras de negócios.

Veja no Quadro 11 as principais características de alguns tipos de mídia.

Quadro 11 – As principais características de alguns tipos de mídia

MEIOS	VANTAGENS	LIMITAÇÕES
Jornais	Flexibilidade, oportunidade, boa cobertura de mercado local, ampla aceitação, alta credibilidade.	Vida curta, baixo nível de qualidade de reprodução, pequeno público circulante.
Televisão	Combina visão, som, movimento; apela para os sentidos; alta repetição, alta cobertura.	Custo absoluto alto, saturação de comunicação elevada, exposição transitória, menor grau de seletividade do público.
Mala-direta	Seletividade do público, flexibilidade, ausência de concorrência dentro do mesmo veículo, personalização.	Custo relativamente alto, imagem de "correspondência inútil".
Rádio	Uso da massa, alto grau de seletividade geográfica e demográfica, baixo custo.	Apresentação sonora apenas, menor grau de atenção do que a televisão, tarifas não tabeladas, exposição transitória.

MEIOS	VANTAGENS	LIMITAÇÕES
Revistas	Alto grau de seletividade geográfica e demográfica, credibilidade e prestígio, alta qualidade de reprodução, longa vida, boa circulação de leitores.	Espaço precisa ser comprado com muita antecedência, certo desperdício de circulação, nenhuma garantia de posição.
Outdoor	Flexibilidade, alto grau de exposição, baixo custo, baixa concorrência.	Seletividade de público limitada, limitações criativas.
Páginas amarelas	Excelente cobertura local, alta credibilidade, baixo custo.	Alta concorrência, espaço precisa ser comprado com muita antecedência, limitações criativas.
Informativos	Seletividade muitíssimo alta, controle total, oportunidades interativas, custos relativos baixos.	Os custos podem fugir ao controle.
Folder	Flexibilidade, controle total, mensagens de maior impacto.	A produção excessiva pode levar ao descontrole dos custos.
Telefone	Alta seletividade, possibilidades interativas, custo relativamente baixo.	Custo relativo alto, a não ser que conte com voluntários.
Internet	Muitos usuários, oportunidade de dar toque pessoal.	Veículo relativamente novo com um pequeno número de usuários em alguns países.

Fonte: Kotler (2000, p. 206)

A promoção pode ser realizada, em resumo, segundo duas orientações estratégicas: *push* e *pull*. Estratégias *push* procuram empurrar o produto/serviço por meio do canal de distribuição, realizando esforços promocionais direcionados aos canais de distribuição e não aos consumidores (usuários finais). Como exemplo, cita-se a remessa de catálogos ou prospectos aos intermediários no processo de distribuição.

Estratégias *pull*, por sua vez, procuram fazer com que produtos/serviços sejam puxados pelo canal de distribuição através de esforços de promoção dirigidos aos consumidores. Por exemplo: anúncios com foco no consumidor, veiculados em jornais ou revistas.

Não se trata, contudo, de estratégias mutuamente excludentes; pelo contrário, estratégias *push* e *pull* podem coexistir perfeitamente. Cabe verificar a maneira mais eficiente de promover o produto/serviço.

O orçamento de promoção pode ser feito basicamente por meio de dois métodos: *buildup*, em que uma parte do orçamento total da empresa é separada para promoção; e *breakdown*, em que o orçamento da promoção é discriminado por produto/serviço e veículos de comunicação.

Por fim, apresenta-se um quadro síntese das características das estruturas de mercado que auxiliam nas definições das estratégias de marketing (Quadro 12).

Quadro 12 – Características das estruturas de mercado

CARACTERÍSTICAS	ESTRUTURAS DE MERCADO			
	CONCORRÊNCIA PERFEITA	CONCORRÊNCIA MONOPOLÍSTICA	OLIGOPÓLIO	MONOPÓLIO
Número de empresas na indústria	Infinito	Grande	Pequeno	Uma ou poucas
Tamanho das empresas	Geralmente pequenas.	Grandes e pequenas.	Geralmente grandes.	Grandes.
Natureza dos produtos	Homogêneos e padronizados. Há infinitos substitutos.	Diferenciados: similares, mas não idênticos. Há substitutos.	Pouco diferenciados. Há poucos substitutos.	Heterogêneos. Nenhum substituto adequado.
Penetração de novas empresas na indústria	Fácil e sem obstáculos.	Relativamente fácil.	Restrita e difícil, exigindo enormes recursos.	Bloqueado com barreiras artificiais. Quase Impossível
Controle de preços	Preços determinados pelo mercado.	Preço determinado pelo grau de diferenciação dos produtos.	Limitado pela interdependência mútua entre os concorrentes.	Determinado pelas empresas.

CARACTERÍSTICAS	ESTRUTURAS DE MERCADO			
	CONCORRÊNCIA PERFEITA	CONCORRÊNCIA MONOPOLÍSTICA	OLIGOPÓLIO	MONOPÓLIO
Mix de marketing — Produto	Reduzir custos.	Tentar diferenciar.	Melhorar qualidade.	Manter qualidade.
Preço	Manter baixo.	Manter baixo.	Aproximar-se da concorrência.	Não exagerar.
Promoção	Ressaltar preço baixo.	Ressaltar preço baixo.	Fortalecer imagem institucional e facilitar a diferenciação.	Fortalecer imagem institucional.
Praça	Estar presente no maior número possível de pontos de venda.	Estar presente no maior número possível de pontos de venda.	Conquistar espaço dos concorrentes.	Manter mercado.

Fonte: A partir de Chiavenato (2002, p. 360) e Cherobin, Lemes Jr. e Rigo (2005, p. 26).

Projeção de vendas

A previsão do volume de vendas é uma das tarefas mais importantes e mais difíceis na elaboração do plano de negócios. Importante, porque é a principal variável no planejamento de produção/comercialização, nas estratégias de marketing e no plano financeiro. Difícil, pois os dados de mercado nem sempre estão disponíveis e não parece haver uma técnica que permita o melhor ajuste para todos os produtos/serviços.

Ao estimar as vendas, além de considerar as decisões da sua empresa acerca das estratégias de marketing e as características internas da organização, devem-se levar em conta as decisões e as características dos concorrentes.

É certo que os demais itens do plano de marketing são variáveis relevantes na projeção de vendas. Não é possível dissociar a estimativa de vendas do tamanho do mercado em que se atua ou vai atuar, das condições macroambientais do segmento, das decisões promocionais dos concorrentes e das suas próprias, e das características dos clientes-alvo.

É um pecado fazer análises como se a empresa existisse no vácuo, pois a determinação do volume de vendas depende de uma enormidade de fatores. Para se ter uma projeção que se aproxime da realidade, deve-se analisar o mercado da forma mais realista possível, pois assim terá maior chance de ocorrência da previsão feita.

Além de associar a estimativa de vendas aos demais itens do plano de marketing e dos aspectos operacionais do negócio, é importante associá-la à sazonalidade[23] e ao panorama futuro do setor (tendência).

Se a empresa já existe e pretende ampliar seus negócios e dispõe uma série histórica da venda dos produtos/serviços, é possível usar modelos econométricos (por exemplo, modelo autorregressivo integrado de médias móveis – ARIMA) ou de aprendizagem de máquina (como redes neurais artificiais – ANN) para previsão. Mesmo assim, são raras as empresas que não encontram dificuldades para elaborar previsões de vendas, mesmo que com uma série histórica suficientemente grande. As características da empresa, de seus produtos/serviços e mercados determinam o grau de dificuldade nas previsões. Existem variadas técnicas de previsão de vendas. Não é incomum que, para uma mesma empresa, técnicas de suavização exponencial se mostram mais certeiras para a previsão de alguns produtos, enquanto modelos de regressão, para outros; independentemente do critério de acurácia adotado (por exemplo, o erro percentual absoluto médio – MAPE ou a raiz quadrada do erro médio – RMSE).

Observa-se que, ao usar séries históricas, é preciso tomar precauções quanto aos valores que se obtêm das diversas variáveis, no sentido de identificar e excluir valores claramente discrepantes (*outliers*) devidos a fatores extraordinários — como retirada ou inclusão de produtos ou ampliações de mercado —, para que não haja distorção dos resultados.

De forma menos robusta, é possível aplicar fatores de multiplicação nos dados históricos da empresa para a previsão dos acréscimos das vendas em razão da expansão desejada e das tendências do mercado (Figura 22).

---

23 Sazonalidade acentuada é considerada fator negativo na avaliação de um negócio, pois há um fator de risco embutido nos negócios com sazonalidade acentuada, decorrente da maior necessidade de capital de giro para produzir estoques e, até mesmo, da dificuldade de conseguir pessoal só para a temporada de alta.

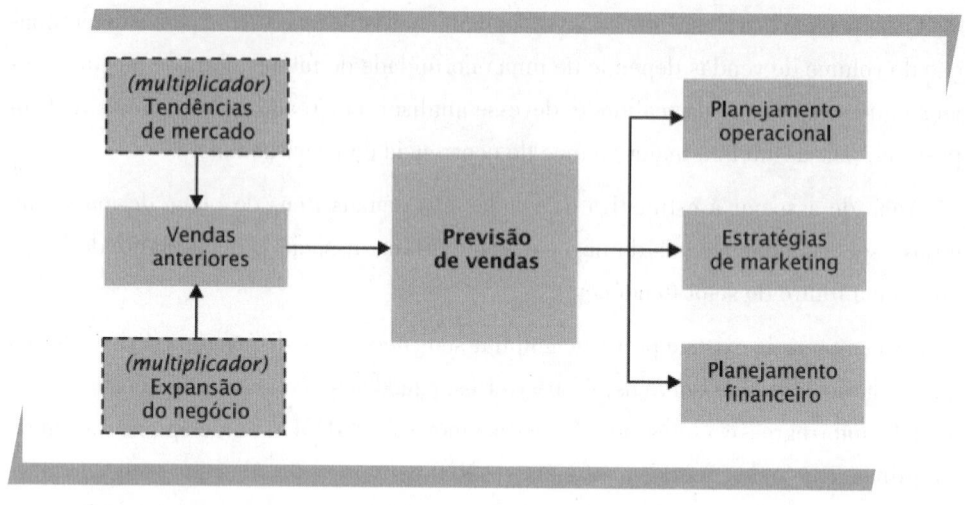

Figura 22 – Previsão de vendas para empresas já constituídas

No caso de empresas nascentes, porém, não há série histórica disponível. Uma alternativa é usar dados secundários de sindicatos, associações comerciais ou industriais, institutos de pesquisa, universidades, Sebrae, órgãos do governo federal (IBGE, Ipea, ministérios), de governos estaduais e municipais. Por exemplo, a série histórica das vendas no varejo no Brasil pode ser obtida gratuitamente na plataforma Ipea Data[24]. Outra opção é se valer de abordagens qualitativas como técnica de previsão de vendas, como Delphi (opinião isenta de especialistas)[25].

Uma dica importante é que o ponto de equilíbrio, que indica o volume de vendas que iguala receitas e despesas (sobre o qual se falará no capítulo 9 – "Plano Financeiro"), pode ser usado como referência para analisar o volume de vendas estimado. Parece ser mais difícil determinar o volume de vendas do que julgar se vender acima de determinada quantidade é factível.

Por fim, registra-se que um exemplo de plano de negócios real elaborado no Profit está disponível no software em PDF e em PN (extensão do Profit). Acesse os arquivos pelo menu Arquivos/Abrir. O download do Profit pode ser feito no site do autor[26], na seção "Softwares", e também no site da editora[27].

---

24 www.ipeadata.gov.br
25 Havendo interesse no estudo das técnicas de previsão de vendas, quantitativas e qualitativas, recomenda-se para consulta Wanke et al. (2011).
26 www.adonailacruz.com.br
27 www.altabooks.com.br (procure pelo título do livro).

Hora de praticar![28]

Plano de Marketing

Análise de mercado

[   ]

Estudo dos produtos/serviços

[   ]

Exame da clientela-alvo

[   ]

Análise da concorrência

Análise dos principais competidores

Indicadores	Minha empresa	Concorrentes					
Total							

Escala: 1 (pior desempenho comparativo) a n+1 (melhor desempenho comparativo)

[   ]

Estratégia empresarial

Análise swot

	Oportunidades	*Ameaças*
Análise externa		

---

28 Reprodução da tela de entrada de dados do plano de marketing do software para elaboração de plano de negócios Profit.

	Forças	Fraquezas
Análise interna		

Fatores críticos de sucesso

Objetivos e metas

Objetivos	Forma de apuração

Estratégia da empresa

Estratégias de marketing

Produto/serviço

Praça (distribuição)

Preço

Promoção

Atividade	Objetivo	Público-alvo	Frequência	Orçamento

Projeção de vendas

Referências

AMBRÓSIO, V. *Plano de marketing passo a passo*. Rio de Janeiro: Reichmann & Affonso, 1999.

ANSOFF, H. I.; McDONNELL, E. J. *Implantando a administração estratégica*. São Paulo: Atlas, 1993.

ASSEF, R. *Formação de preços*: aspectos mercadológicos, tributários e financeiros para pequenas e médias empresas. 3 ed. São Paulo: Campus, 2005.

BANGS Jr., D. H. *The market planning guide*. 4 ed. New Hampshire: Upstart, 1994.

BERNARDI, L. A. *Manual de formação de preços*: políticas, estratégias e fundamentos. São Paulo: Atlas, 2004.

BUARQUE, C. *Avaliação econômica de projetos*: uma apresentação didática. Rio de Janeiro: Campus, 1984.

CALDWELL, L. *The psychology of price*: how to use price to increase demand, profit and customer satisfaction. Bath: Crimson Publishing, 2012.

CARMO, H. C. E. do. "Como medir a inflação: os números-índice de preços". *In*: PINHO, D. B. e VASCONCELLOS, M. A. S. de. (org.) *et al*. *Manual de economia*. 5 ed. São Paulo: Saraiva, 2005.

CHEROBIN, A. P. M. S.; LEMES Jr., A. B.; RIGO, C. M. *Administração financeira*: princípios, fundamentos e práticas brasileiras. Rio de Janeiro: Campus, 2005.

CHIAVENATO, I. *Empreendedorismo*: dando asas ao espírito empreendedor. São Paulo: Saraiva, 2005.

CHIAVENATO, I. *Teoria geral da administração*. Vol. 2. Rio de Janeiro: Campus, 2002.

COSTA, N. P. da. *Marketing para empreendedores*: um guia para montar e manter um negócio. Rio de Janeiro: Qualitymark, 2005.

DEGEN, R. J. *O empreendedor*: fundamentos da iniciativa empresarial. 8a ed. São Paulo: Makron, 1989.

DIAMANTOPOULOS, A. "Determinação de Preços". *In* BAKER, M. J. *Administração de Marketing*. 5 ed. Rio de Janeiro: Elsevier, 2005.

DOLABELA, F. "O Plano de Negócios e seus componentes". *In*: DOLABELA, F. e FILION, L. J. (org.) *et al*. *Boa ideia! E agora?*. São Paulo: Cultura, 2000.

DORNELAS, J. C. A. *Empreendedorismo*: transformando ideias em negócios. Rio de Janeiro: Campus, 2001.

KAHNEMAN, D.; TVERSKY, A. Prospect theory: an analysis of decision under risk. *Econometrica*, v. 47, n. 2, p. 263–291, 1992.

KOTLER, P. *Administração de marketing*: a edição do novo milênio. São Paulo: Pearson Prentice Hall, 2000.

LAS CASAS, A. L. *Plano de marketing para micro e pequena empresa*. 2a ed. São Paulo: Atlas, 2001.

McDONALD, M. *Planos de marketing*: planejamento e gestão estratégica: como criar e implantar. Rio de Janeiro: Campus, 2004.

McKINSEY; ASHOKA. *Empreendimentos sociais sustentáveis*: como elaborar planos de negócio para organizações sociais. São Paulo: Peirópolis, 2001.

MILES, R. E.; SNOW, C. C. *Organizational strategy, structure and process*. Nova York: McGraw-Hill, 1978.

NAGLE, T. T.; HOGAN, J. *Estratégia e táticas de preço*: um guia para crescer com lucratividade. 4 ed. São Paulo: Pearson, 2007.

PARKIN, M. *Macroeconomia*. São Paulo: Prentice-Hall, 2003.

PORTER, M. *Estratégia competitiva*: técnicas para análise de indústrias e da concorrência. Rio de Janeiro: Campus, 1986.

SANTOS, E. O. dos. *Administração financeira da pequena e média empresa*. São Paulo: Atlas, 2001.

SKACEL, R. K. *Plano de marketing*: como prepará-lo... o que deve conter. São Paulo: Nobel, 1992.

STEVENS, R. E. et al. *Planejamento de marketing*: guia de processos e aplicações práticas. São Paulo: Makron, 2001.

THALER, R. H. *Misbehaving*: a construção da economia comportamental. Rio de Janeiro: Intrínseca, 2019.

THOMPSON Jr. A. A.; STRICKLAND III, A. J. *Planejamento estratégico*: elaboração, implantação e execução. São Paulo: Pioneira, 2000.

TURGEON, N. "Conhecer o setor e a clientela". In: DOLABELA, F. e FILION, L. J. (org.) et al. *Boa ideia! E agora?*. São Paulo: Cultura, 2000.

WANKE, P. et al. *Previsão de vendas*: processos organizacionais e métodos qualitativos e quantitativos. 2 ed. São Paulo: Atlas, 2011.

WESTWOOD, J. *O plano de marketing*. São Paulo: Makron, 1996.

CAPÍTULO 8

Descrição da Empresa

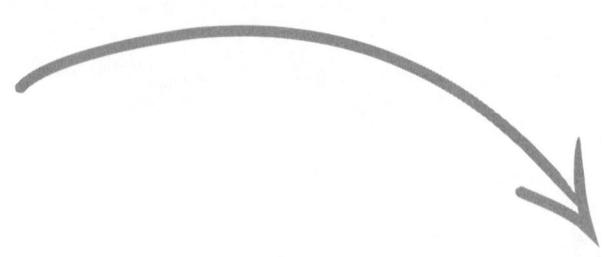

O que é?

Esta seção aborda a descrição detalhada da organização que se pretende implementar.

A descrição da empresa depende, em grande parte, da elaboração do plano de marketing, e essas duas partes do plano de negócios fornecem informações para construção do plano financeiro, razão pela qual, alterações em uma, normalmente, ocasionam modificações em outras. Por isso, na elaboração dessas peças, as outras devem ser revistas, modificando-as quando necessário, em um processo integrado de construção.

O que deve conter?

A descrição da empresa trata, basicamente, da estrutura de funcionamento legal e operacional do negócio. Sendo previstas mudanças nessas estruturas no futuro, devido ao crescimento da empresa ou à entrada de novos sócios, por exemplo, deve-se dizer de que forma ocorrerão tais mudanças.

Estrutura legal

Para definir a estrutura legal da empresa, é preciso enquadrá-la quanto ao setor de atividade em que está inserida ou pretende se inserir, quanto ao seu tamanho e à sua constituição jurídica. Tantos são os detalhes que, normalmente, o empreendedor recorre à ajuda externa.

Poucas linhas são gastas nesta parte do plano de negócios, mas para escrevê-las, é preciso conhecer vários assuntos — como se observará.

Os negócios podem ser classificados quanto ao setor de atividade, basicamente, em:

✳ **Agropecuário**: cuja atividade principal refira-se à produção de hortaliças, frutas, cereais, etc. e/ou à criação e ao tratamento de animais;

✳ **Industrial**: cuja atividade principal diga respeito à transformação de matérias-primas visando a produção de produtos acabados;

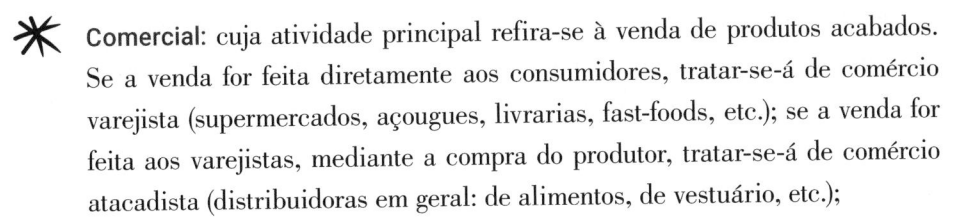

✳ **Comercial:** cuja atividade principal refira-se à venda de produtos acabados. Se a venda for feita diretamente aos consumidores, tratar-se-á de comércio varejista (supermercados, açougues, livrarias, fast-foods, etc.); se a venda for feita aos varejistas, mediante a compra do produtor, tratar-se-á de comércio atacadista (distribuidoras em geral: de alimentos, de vestuário, etc.);

✳ **Prestação de serviços:** cuja atividade principal seja o oferecimento do "próprio trabalho" ao consumidor. Isto é, não há a produção de mercadorias, mas atividades profissionalizadas, como transporte, educação, saúde, lazer, etc. São exemplos: bancos, escolas, escritórios de advocacia, hospitais, consultores, professores, etc.

Quanto ao tamanho (porte), as empresas classificam-se em microempresa, empresa de pequeno porte, de médio porte e de grande porte. Os critérios utilizados para tal classificação são variados (faturamento, valor dos ativos, número de funcionários, etc.) e servem para classificar a empresa para efeito de registro, isenções tributárias, obtenção de crédito, etc. Confira no Quadro 13 alguns parâmetros.

Quadro 13 – Classificações utilizadas para definir o tamanho da empresa

Órgão	Parâmetro		Porte da empresa				
			MEI	ME	EPP	EMP	EGP
Receita Federal (Simples Nacional)	Faturamento Bruto		81 mil	480 mil	4,8 milhões	---	---
BNDES	Receita Operacional Bruta		---	360 mil	4,8 milhões	300 milhões	Maior que 300 milhões
IBGE	Número de funcionários	Indústria	---	19	99	499	500 ou mais
		Comércio e Serviço	---	9	49	99	100 ou mais

Legenda: MEI = Microempreendedor individual; ME = Microempresa; EPP = Empresa de pequeno porte; EMP = Empresa de médio porte; EGP = Empresa de grande porte

Definidos o setor de atividade e o porte da empresa, trata-se, resumidamente, da sua constituição jurídica[1]. Antes, porém, é imperativo diferenciar pessoa jurídica de pessoa física. Pessoa física é o indivíduo com seus direitos e obrigações perante o Estado. Pessoa jurídica é uma entidade, com direitos e obrigações próprios, portanto, distintos daqueles indivíduos que a compõem (sócios).

As sociedades comerciais podem ser classificadas em três formas jurídicas básicas, que determinam a maneira pela qual ela será tratada pela lei, bem como seu relacionamento com terceiros.

Vai além dos objetivos deste livro abordar profundamente as formas jurídicas das sociedades comerciais[2]. A seguir, fazem-se comentários básicos sobre as formas jurídicas em uso no Brasil.

* **Empreendedor individual (MEI):** a Lei Complementar no 128/2008 criou condições especiais para que o trabalhador informal pudesse se legislar, tornando-se um empreendedor individual. Para se enquadrar como MEI, devem ser preenchidos alguns requisitos:

  * Faturamento anual até R$ 81.000,00 (vigente em dezembro de 2020);
  * Não ter participação em outra empresa como sócio ou titular;
  * Ter no máximo um empregado contratado — que deve receber um salário mínimo ou o piso da categoria;
  * Exercer atividades em uma das categorias previstas na lei, como taxista, fotógrafo, tatuador, sapateiro, entregador de malotes, quitandeiro, alfaiate, marceneiro, etc.;

O empreendedor individual será enquadrado no regime de tributação Simples Nacional e ficará isento dos tributos IRPJ, PIS, Cofins, IPI e CSLL. A formalização do empreendedor individual é feita pela internet[3], de forma gratuita. Após o cadastramento, o Cadastro Nacional de Pessoa Jurídica, CNPJ, e o número de inscrição na Junta Comercial são obtidos imediatamente. Adverte-se que toda atividade a ser exercida, mesmo que na residência, necessita de autorização prévia da prefeitura. A autorização

---
1 Para saber sobre a sistemática para abertura de empresas, veja Russo (2003a e 2003b).
2 Para saber mais sobre os aspectos legais da constituição jurídica de microempresas e empresas de pequeno porte, confira Melchor e Fiorentine (2003).
3 (www.portaldoempreendedor.gov.br)

também é gratuita. Após a formalização, o empreendedor individual terá o custo de 5% do salário-mínimo mais uma parcela de R$ 1,00 (ICMS) para a atividade de Comércio e Indústria, R$ 5,00 (ISS) no caso de Serviço e R$ 6,00 (ICMS e ISS) no caso de Comércio e Serviço:

* **Empresário:** um único proprietário responde pelos seus negócios, exercendo atividade econômica organizada para produção ou circulação de bens ou serviços. Trata-se de pessoa física, individualmente considerada, sendo obrigatória a inscrição na Junta Comercial. Note-se que a responsabilidade é limitada. Seu crédito junto aos bancos e fornecedores dependerá mais de seu patrimônio pessoal do que do capital investido. Para efeitos fiscal e trabalhista, a empresa é considerada pessoa jurídica. Podem-se destacar duas características principais desse regime jurídico: o proprietário assume todo o risco e o lucro do negócio e o patrimônio particular do proprietário confunde-se com o da empresa — em decorrência disso, as dívidas da empresa podem ser cobradas da pessoa física (proprietário).

* **Sociedade Simples:** constituída por pessoas que reciprocamente se obrigam a contribuir com bens ou serviços para o exercício de atividade econômica e a partilha entre si dos resultados. Geralmente, é formada por pessoas que exercem profissão intelectual de natureza científica, literária ou artística, mesmo que contando com colaboradores ou auxiliares — salvo se o exercício da profissão constituir elemento da empresa. Pode-se citar, a título de ilustração, um escritório de advocacia aberto por dois advogados. Nesse regime, os sócios respondem conjunta e solidariamente pelo negócio; no caso de liquidação da empresa, os bens de um dos sócios — quando os demais não têm recursos suficientes — podem ser levados para garantir o prejuízo. O registro da empresa, nesse caso, deve ser feito no Cartório de Registro Civil de Pessoas Jurídicas. Acrescenta-se que as cooperativas serão sempre consideradas sociedade simples.

* **Sociedade Empresária:** aquela que exerce profissionalmente atividade econômica organizada para a produção ou circulação de bens ou serviços, constituindo elemento de empresa, devendo ser inscrita na Junta Comercial. As sociedades empresárias podem apresentar-se sob diferentes formas, dependendo do interesse dos sócios e do tipo do negócio:

    * **Sociedade em Nome Coletivo:** associação de duas ou mais pessoas, que opera sob um nome ou firma em comum, ficando os sócios respon-

sáveis solidariamente pelos direitos e pelas obrigações da firma, sem qualquer limite de valor;

* **Sociedade em Comandita Simples:** sociedade na qual o capital é formado pelas contribuições de duas classes de sócios, comanditários ou capitalistas, que entram com o capital e respondem restritamente até o limite do capital subscrito; e os comanditados, que entram com o capital e o trabalho e respondem solidária e ilimitadamente pelas obrigações sociais;

* **Sociedade em Comandita por Ações:** assemelha-se à anterior, com a diferença de que o capital é dividido em ações;

* **Sociedade Limitada:** associação de duas ou mais pessoas, cuja responsabilidade diante dos direitos e das obrigações da firma é limitada ao valor do capital registrado em seu Contrato Social;

* **Sociedade Anônima:** sociedade em que o capital é dividido em ações e cada acionista responde somente pelo preço de emissão das ações que adquiriu. Normalmente, é utilizada em grandes empreendimentos por conferir maior segurança aos acionistas em razão de ter regras mais rígidas. Rege-se pela Lei no 6.404/76 e, nos casos de omissões, pelo Novo Código Civil.

Dependendo da atividade exercida pela empresa, do seu porte e de sua constituição jurídica, haverá a incidência de determinados tributos[4].

Além de a carga tributária no Brasil ser elevadíssima, 33,17% do PIB em 2019 (TESOURO NACIONAL, 2020), a "estrutura" tributária é extremamente complexa. De acordo com levantamento realizado pelo Portal Tributário, em janeiro de 2020, eram 92 tributos — entre impostos, taxas e contribuições — cobrados no Brasil. Isso tudo, além de onerar em muito o custo de conformidade da empresa, gera insegurança ao empreendedor.

São quatro as possibilidades tributárias existentes hoje no Brasil[5]: Simples Nacional, Lucro Presumido, Lucro Real e Lucro Arbitrado.

---

4 Confira Apêndice A – Noções elementares sobre tributação. Adicionalmente, veja Fabretti (2006).
5 Para saber mais, veja Busch *et al.* (2011) e Ono *et al.* (2009).

É importante avaliar as possibilidades de adesão a este ou àquele regime de tributação. Entretanto, não é exagero dizer que para abordar tal assunto seria necessário um outro livro.

Definida a constituição jurídica da empresa, deve-se determinar a forma de participação de cada sócio (caso haja sócios): se há sócios capitalistas (o montante de capital investido por sócio), se todos retiram pró-labore (montante da retirada mensal de cada sócio), as funções de cada um dos sócios no negócio (se for o caso), etc.

Recomenda-se que uma assessoria contábil e jurídica seja procurada, além do Sebrae, para se informar acerca da forma jurídica mais adequada para a constituição da sua empresa, sobre os tributos incidentes em cada caso e as alíquotas, sobre possíveis benefícios fiscais. Enfim, para assistência nas decisões sobre o seu negócio. São muitos os detalhes acerca desses temas, por isso é importante a ajuda de especialistas.

Estrutura organizacional

Ao definir a estrutura organizacional da empresa, deve-se ter em mente os seguintes aspectos: localização e infraestrutura, plano operacional e capacidade produtiva e/ou comercial.

Quanto à localização e infraestrutura, é preciso verificar a melhor localização para a instalação do empreendimento (melhor custo-benefício) e a infraestrutura disponível — a definição do ponto está diretamente relacionada com o ramo de atividade da empresa.

A localização do negócio é considerada uma questão ligada ao plano de marketing. Muitas empresas têm no ponto de venda um diferencial competitivo perante os concorrentes. Entretanto, deve-se fazer menção a esse aspecto também nessa seção do plano de negócios.

Buarque (1984), Pinson e Jinnett (1996), Chiavenato (2005), Moreira (2006) e Martins e Laugeni (2006) advertem que a decisão de onde instalar a empresa deve ser tomada por meio da avaliação de alguns fatores, considerados críticos:

* Valor do aluguel;
* Adequação da área às necessidades de ocupação da empresa;
* Infraestrutura disponível (instalações telefônicas, linha de dados de acesso rápido, instalações elétricas e hidráulicas, etc.);

- Segurança do imóvel;
- Facilidade de acesso dos clientes ou de distribuição;
- Facilidade de acesso a fornecedores ou dos insumos de produção;
- Disponibilidade e qualificação da mão de obra;
- Proximidade dos concorrentes;
- Estrutura tributária, regulamentos e incentivos;
- Questões relacionadas com proibições das atividades da empresa na região em questão[6].

Deve-se atentar, ainda, para a proximidade dos concorrentes diretos e de empresas que trabalham com produtos complementares (cujo consumo ocorra em conjunto) ao seu.

Dependendo da atividade da empresa, alguns desses fatores (ou outros) serão considerados determinantes. Os fatores determinantes de uma indústria de papel, por exemplo, são a disponibilidade elétrica, a facilidade de transporte pesado e a proximidade das matérias-primas. Os fatores determinantes devem ser avaliados objetivamente, para que se pondere sobre o local em que a empresa será instalada.

O plano operacional trata da organização interna da empresa na execução de suas tarefas. Pinson e Jinnett (1996) propõem que um planejamento organizacional eficiente deve considerar as questões abaixo.

- Como a organização será estruturada?
- Quais as áreas-chave de gerenciamento do negócio?
- A equipe gerencial já está formada ou será necessário complementá-la?
- Tarefas serão terceirizadas?
- Quantos funcionários serão necessários para o funcionamento do negócio?

A organização funcional da empresa (seu corpo orgânico), normalmente, é descrita por meio de um organograma funcional[7]. Ao fazê-lo, torna-se necessário prever o cres-

---

6 A consulta de tais proibições é feita na Prefeitura do município.
7 Remete-se a Araújo (2006, p. 131-143).

cimento da empresa e a necessidade de reestruturação diante do aumento de clientes, fornecedores e funcionários.

É desejável que se relacione as principais áreas da empresa, suas atribuições e o número de funcionários sob sua supervisão.

Veja exemplo de um organograma funcional de uma indústria de pequeno porte de confecções (Figura 23).

Além do organograma funcional, pode-se fazer a descrição e a análise dos cargos. A descrição do cargo refere-se aos aspectos intrínsecos ao cargo, ou seja, relaciona as tarefas, os deveres e as responsabilidades do cargo[8]; a análise do cargo trata dos aspectos intrínsecos ao ocupante do cargo, ou seja, dos requisitos qualificativos, das responsabilidades envolvidas e das condições exigidas pelo cargo para o seu desempenho adequado.

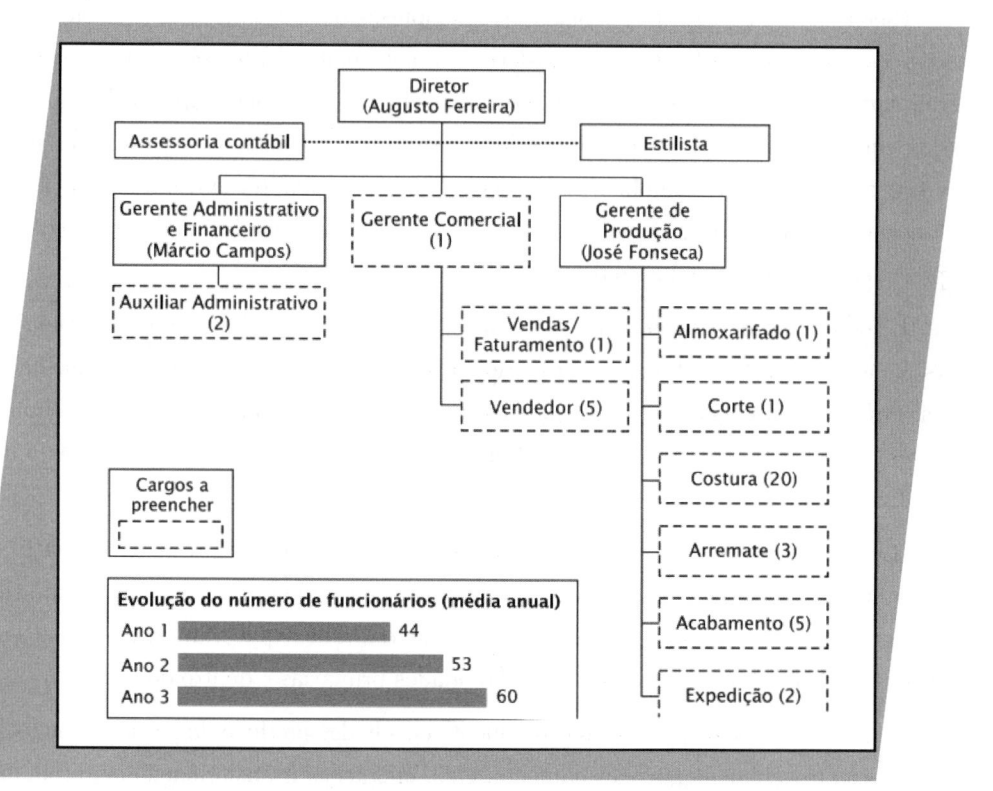

↖ Figura 23 – Exemplo de organograma funcional (indústria de pequeno porte de confecções)

---
8 Confira Classificação Brasileira de Ocupações (CBO) em www.mtecbo.gov.br.

A descrição e a análise do cargo serão úteis para os processos de recrutamento, de seleção, de treinamento, de avaliação do desempenho, de remoção (vertical, horizontal ou diagonal), entre outros[9].

Existem diversas formas de fazer a descrição e a análise de cargo, dependendo da finalidade dada a esses instrumentos. Recomenda-se, para atender às finalidades elencadas acima, que contemple[10]: [descrição] nome do cargo, sua relação de responsabilidade (superior imediato) e autoridade (subordinados), descrição sumária (finalidade prioritária) e detalhada (atividades sob sua responsabilidade) do cargo, e as máquinas e equipamentos utilizados no desenvolvimento das tarefas; [análise] experiência anterior do ocupante em atuações relacionadas com o cargo, a formação e a área de estudo (mínima e desejada), conhecimentos/habilidades/atitudes desejadas do ocupante do cargo, e as áreas em que é cobrada contribuição efetiva.

É consenso entre os especialistas que as empresas devem se dedicar às suas operações essenciais (*core business*), transferindo o acidental para terceiros (*outsourcing*) que saibam fazê-lo melhor e mais barato. Para a maioria das microempresas e empresas de pequeno porte, as áreas contábil e jurídica são terceirizadas. Como exemplos mais comuns, podem-se citar também os serviços de manutenção preventiva, alimentação de funcionários, segurança, etc. Enfim, cada negócio tem sua peculiaridade; cabe ao empreendedor analisar o seu caso particular.

É comum o proprietário do negócio executar a maior parte do trabalho ao iniciá-lo. Isso, muitas vezes, é realmente necessário. Mas, com o passar do tempo, é preciso delegar tarefas e atribuições, a fim de que possa dedicar-se a questões estratégicas. Muitas vezes, os empreendedores tornam-se reféns dos seus negócios porque são incapazes de confiar atribuições aos outros.

Além disso, deve-se tratar dos processos de negócios da empresa. Porter (1989) introduziu o conceito de cadeia de valor, em que sugere que uma organização pode ser desagregada em nove atividades estrategicamente relevantes que criam valor e custo em determinado negócio. Considerou cinco atividades primárias e quatro de apoio.

As atividades principais estão diretamente envolvidas no fluxo de produção: logística interna (recebimento, armazenamento, etc.), operações (transformação em produtos

---

9 Para uma discussão sobre esses temas, veja Carvalho e Nascimento (2004).
10 Para o desenvolvimento desse tema, seguiu-se, com adaptações, modelo desenvolvido por Michel Tuller para uso da Alpha – Inteligência Empresarial.

finais), logística externa (processamento dos pedidos, distribuição, etc.), marketing e vendas (comercialização) e serviço (instalação, reparos, etc.).

As atividades de apoio existem para dar suporte às atividades primárias. Incluem suprimento, desenvolvimento de tecnologia, gerência de recursos humanos e infraestrutura da empresa (incluindo finanças, contabilidade, planejamento, assuntos jurídicos, etc.).

A forma como é gerenciada a cadeia de valor determina as margens de lucro que a empresa alcança (Figura 24).

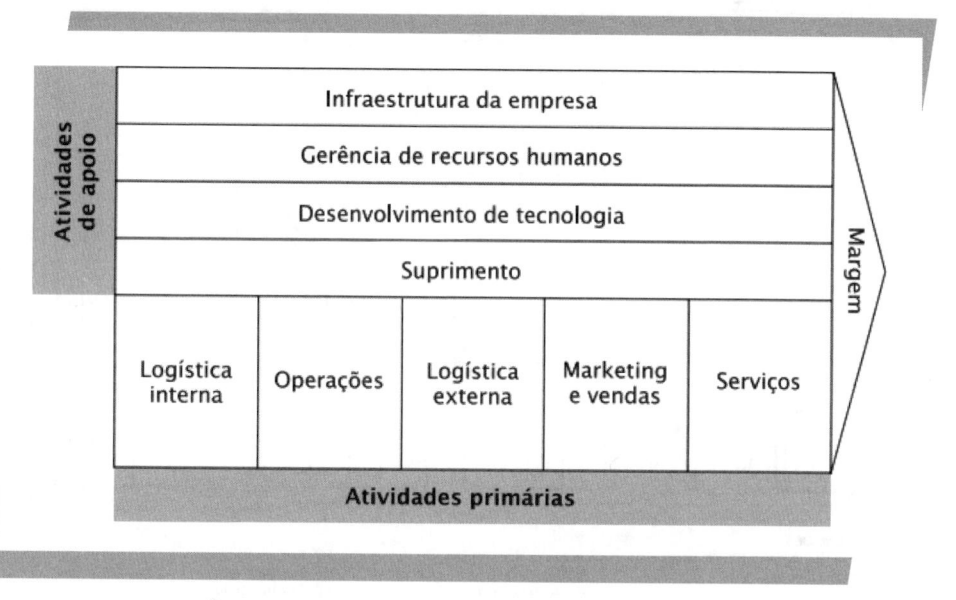

Figura 24 – Cadeia de valor genérico
Fonte: Adaptado de Porter (1989, p. 35).

A empresa deve examinar custos e desempenho em toda a cadeia de valor e compará-los com os dos concorrentes. À medida que for capaz de ter desempenho superior, obterá vantagem competitiva.

As empresas podem também buscar vantagens competitivas por meio de parcerias em fornecedores, distribuidores, etc., em vez de ocupar todas as etapas da cadeia de valor, em um processo denominado "cadeia de suprimentos". Os parceiros estratégicos mostram a capacidade de articulação da empresa no mercado.

É desejável ainda que no plano operacional se faça o layout[11] (esquema) da empresa, definindo a distribuição dos seus setores, dos equipamentos, dos móveis e das pessoas de forma racional, visando o aumento da produtividade e a melhoria da comunicação entre as pessoas. O ideal é contratar um profissional qualificado para auxiliá-lo nessa tarefa.

Mostra-se como exemplo o layout de uma padaria (Figura 25).

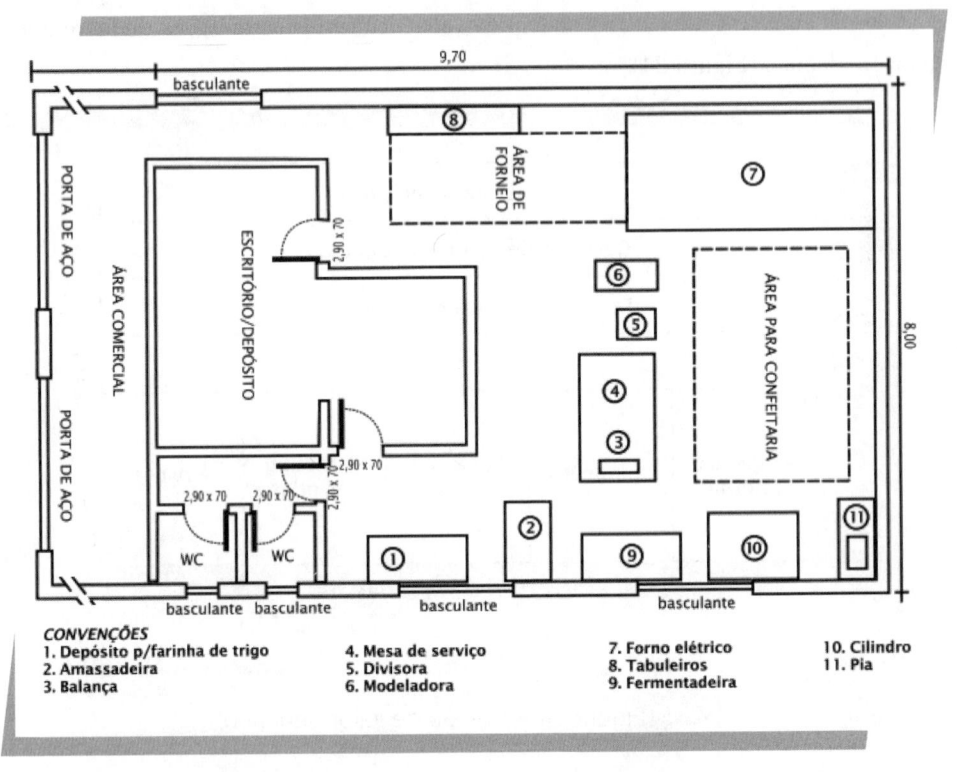

CONVENÇÕES
1. Depósito p/farinha de trigo
2. Amassadeira
3. Balança
4. Mesa de serviço
5. Divisora
6. Modeladora
7. Forno elétrico
8. Tabuleiros
9. Fermentadeira
10. Cilindro
11. Pia

Figura 25 – Exemplo de layout (padaria)
Fonte: Rosa (2004, p. 39).

Potencialmente, fazendo o layout, se evitará que esforços físicos de transferência de equipamentos, de instalações, de móveis, etc. sejam despendidos, visando uma melhor adequação do arranjo físico.

---

11 Confira Martins e Laugeni (2006, p. 135-168). Para outra perspectiva, veja Araújo (2006, p. 51-63).

Uma alternativa interessante para auxiliar na definição de todos os itens relacionados com o plano operacional é verificar o que os melhores concorrentes fazem, a fim de partir do que há de melhor para alcançar um nível de superioridade competitiva (processo conhecido como **benchmarking**). Para tanto, é preciso aprender com as experiências dos outros e utilizá-las como referência para seu empreendimento. Por fim, deve-se estimar a capacidade produtiva e/ou comercial instalada da empresa. Ou seja, quanto se poderá produzir ou quantos clientes poderão ser atendidos com a estrutura que se pretende instalar (ou já está instalada).

A capacidade produtiva e/ou comercial representa a capacidade máxima que a empresa pode atingir com a plena utilização dos seus recursos. Para tanto, devem-se considerar as instalações e os equipamentos da empresa, o fornecimento de matéria-prima ou de mercadorias (preço, prazo de pagamento, prazo e disponibilidade de entrega ao longo do ano, qualidade, número de fornecedores e seu poder de barganha junto a eles, etc.), a condição financeira da empresa (capital destinado ao investimento fixo e de giro) e a sazonalidade do consumo daquilo que se produz/comercializa, a fim de evitar ociosidade e desperdício.

Naturalmente que se manter no (ou alcançar o) limite máximo é quase impossível, pois qualquer problema de manutenção em equipamentos, por exemplo, impossibilitaria que se alcançasse o objetivo de 100% de capacidade instalada.

A estimativa da capacidade máxima de produção e/ou comercialização instalada deve estar em conformidade com o plano de marketing da empresa, para o planejamento da produção/comercialização e do armazenamento de estoques, etc.

Em arremate às considerações feitas, acrescenta-se que não sendo o caso de um plano de negócios para uma empresa nascente, mas um plano de expansão, por exemplo, nessa seção também é apresentado um resumo do histórico da empresa e de sua situação atual. Procura-se ressaltar os fatos mais relevantes e marcantes, como saltos de faturamento, lançamento de novos produtos/serviços, abertura de filiais, etc.

Por último, destaca-se que um exemplo de plano de negócios real elaborado no Profit está disponível no software em PDF e em PN (extensão do Profit).

Hora de praticar![12]

Descrição da Empresa

Estrutura legal da empresa

Setor de atividade:

Industrial ( )   Comercial ( )   Agropecuário ( )

Serviços ( )   Outro

Tamanho:

Microempresa ( )   Empresa de pequeno porte ( )

Empresa de médio porte ( )   Empresa de grande porte ( )

Constituição jurídica:

Empresário ( )   Sociedade Simples ( )

Sociedade Empresária ( ) _____

Microempreendedor individual – MEI ( )   SIMEI (vlr fixo mensal) R$ _____

Outra _____

Regime de tributação:

Simples Nacional ( )   Lucro Real ( )

Lucro Presumido ( )   Lucro Arbitrado ( )

Capital social

Nome	R$	%
Total		

Comentário

---

12 Reprodução da tela de entrada de dados da descrição da empresa do software para elaboração de plano de negócios Profit.

Descrição da Empresa

Estrutura organizacional

Localização e infraestrutura

[ ]

Plano operacional

Organograma funcional

[<desenho esquemático>]

[ ]

Terceirizações

[ ]

Parcerias estratégicas

[ ]

Layout

[<desenho esquemático>]

[ ]

Capacidade produtiva e/ou comercial

[ ]

Referências

ARAÚJO, L. C. G de. *Organização, sistemas e métodos e as tecnologias de gestão organizacional*. Vol. 1. São Paulo: Atlas, 2006.

BUARQUE, C. *Avaliação econômica de projetos*: uma apresentação didática. Rio de Janeiro: Campus, 1984.

BUSCH, C. M. et al. *Manual do IRPJ e CSLL 2011*. São Paulo: IOB Thomson, 2011.

CARVALHO, A. V. de.; NASCIMENTO, L. P. do. *Administração de recursos humanos*. Vol. 1. São Paulo: Pioneira, 2004.

CHIAVENATO, I. *Empreendedorismo*: dando asas ao espírito empreendedor. São Paulo: Saraiva, 2005.

FABRETTI, L. C. *Prática tributária da micro, pequena e média empresa*. São Paulo: Atlas, 2006.

MARTINS, P. G.; LAUGENI, F. P. *Administração da produção*. São Paulo: Saraiva, 2006.

MELCHOR, P.; FIORENTINE, S. R. B. *A pequena empresa e o Novo Código Civil*: o que muda no dia a dia das pequenas empresas com o Novo Código Civil? São Paulo: Sebrae/SP, 2003.

MOREIRA, D. A. *Administração da produção e operações*. São Paulo: Pioneira, 2006.

ONO, J. M. et al. Manual prático do Simples Nacional. São Paulo: FISCO SOFT, 2009.

PINSON, L.; JINNETT, J. *Anatomy of a business plan*. New Hampshire: Upstart, 1996.

PORTAL TRIBUTÁRIO. *Os tributos no Brasil*. Disponível em: www.portaltributario.com.br/tributos. Acesso em: 04 jan. 2021.

PORTER, M. *Vantagem competitiva*: criando e sustentando um desempenho superior. Rio de Janeiro: Campus, 1989.

ROSA, C. A. *Como elaborar um plano de negócio*. Belo Horizonte: Sebrae/MG, 2004.

RUSSO, L. R. R. *Como abrir sua empresa comercial*. São Paulo: Atlas, 2003a.

RUSSO, L. R. R. *Como abrir sua empresa de prestação de serviços*. São Paulo: Atlas, 2003b.

TESOURO NACIONAL. *Estimativa da carga tributária bruta no Brasil - 2019*. Brasília: Ministério da Fazenda, 2020.

CAPÍTULO 9

Plano Financeiro

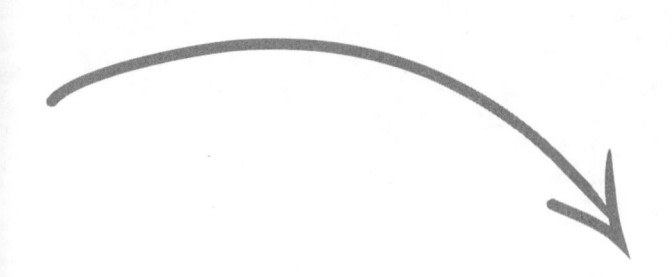

O que é?

O plano financeiro pode ser resumido como o conjunto de informações de natureza financeira que compõem as previsões relativas à operacionalização do negócio, dentro dos parâmetros planejados. Por meio do plano financeiro, é possível saber se o projeto representa uma boa opção para os recursos a serem utilizados na operacionalização, em comparação com alternativas de investimento.

Assim, o plano financeiro é utilizado como instrumento gerencial, auxiliando o empreendedor a corrigir eventuais vieses, a adaptar-se a mudanças conjunturais, etc. Sobre isso, vale destacar a observação de Dornelas (2001):

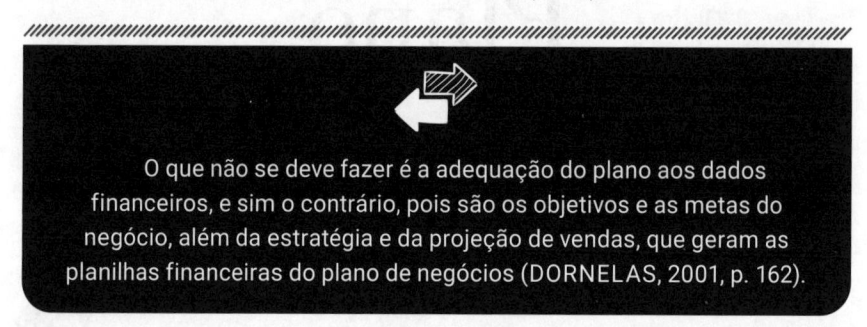

> O que não se deve fazer é a adequação do plano aos dados financeiros, e sim o contrário, pois são os objetivos e as metas do negócio, além da estratégia e da projeção de vendas, que geram as planilhas financeiras do plano de negócios (DORNELAS, 2001, p. 162).

Com o plano financeiro, pode-se avaliar, enfim, se é possível alcançar as metas financeiras do negócio.

O que deve conter?

Muitos são os métodos que podem ser utilizados em planos financeiros de plano de negócios. Como não existe um único indicador ideal, capaz de apontar sozinho a viabilidade do negócio com um razoável grau de certeza, devem-se combinar métodos que retratem questões complementares e essenciais para avaliar a viabilidade do negócio (risco e rentabilidade).

Nos levantamentos realizados (BUARQUE, 1984; DEGEN, 1989; BIZPLAN BUILDER, 2006; PINSON E JINNETT, 1996; PAVANI, DEUTSCHER E LÓPEZ, 1997; BANGS JR., 1998; DORNELAS, 2001; RAMAL *et al.*, 2001; CHER, 2002; TACHIZAWA E FARIA, 2002; WILLIAM, THOMPSON E NAPIER, 2002; BOAGIO E BOTOCCHIO, 2005 E BERNARDI, 2006), verificou-se que os métodos mais utilizados, por serem adequados a quaisquer tipos de projetos, e também serem de fácil análise e complementares entre si, são: [rentabilidade] valor presente líquido (VPL), taxa de rentabilidade (TR), taxa interna de retorno (TIR) e tempo de retorno do investimento (*payback*); [risco] ponto de equilíbrio e análise de sensibilidade e de cenários. essa constatação está em consonância com os estudos empíricos feitos por Fensterseifer e Saul (1993), em 566 empresas brasileiras.

Nessa pesquisa, as opções de critério de rentabilidade foram assim distribuídas. Primeiro critério: TIR ou outra taxa assemelhada (49,9%), *payback* descontado (14,3%), VPL (10,9%), taxa média de retorno contábil (7,5%), índice de lucratividade (IL) ou assemelhados (6,8%), *payback* sem desconto (4,8%), urgência do projeto (3,4%) e outros critérios (2,7%). E como segundo critério: *payback* descontado (23%), VPL (20,4%), TIR ou assemelhados (16,4%), urgência do projeto (12,5%), IL ou assemelhados (11,2%), *payback* sem desconto (8,5%), taxa média de retorno contábil (4%) e outros critérios (4%).

As opções de métodos de mensuração de riscos, ainda segundo Fensterseifer e Saul (1993), foram distribuídas da seguinte forma: análise de sensibilidade (81,2%), elaboração da distribuição da rentabilidade esperada (10,6%), cálculo da probabilidade de prejuízo (10,6%), avaliação da covariância do projeto com outros projetos da empresa (9,4%) e outros métodos (2,4%).

Além dos indicadores de viabilidade, dependendo a quem se destina o plano de negócios, os demonstrativos que "alimentam" os indicadores citados devem integrar o plano financeiro. É preciso avaliar quais informações podem ser passadas para cada tipo de pessoa a quem o plano de negócios se destina: sendo estratégicas ou desnecessárias.

Antes de se adentrar nas questões ligadas aos métodos que compõem o modelo de plano financeiro proposto, é vital fazer algumas definições básicas. Os indicadores propostos pautam-se no método de fluxo de caixa descontado. Por essa razão, precisa-se tratar sobre fluxo de caixa, princípio do desconto e custo de oportunidade.

Para estudar o tema fluxo de caixa, é preciso, antes, fazer algumas considerações sobre receitas e custos.

Receitas e custos[1]

Receitas são fluxos financeiros recebidos em razão das operações do negócio. As receitas originam-se, principalmente, das vendas dos produtos/serviços. Portanto, o cálculo da receita projetada consiste, basicamente, em multiplicar a quantidade estimada de vendas de cada produto/serviço pelo correspondente preço (receita de vendas). Quanto a custos, há basicamente dois tipos: os decorrentes da instalação do negócio e os da operação do empreendimento.

Os recursos que financiam os custos decorrentes da instalação do negócio estão disponíveis antes da sua existência — capital próprio ou de terceiros. Já os decorrentes da operação do empreendimento podem ser financiados pela própria empresa, através do fluxo de recursos, oriundos do seu funcionamento. Os primeiros custos denominam-se investimento inicial; os outros, custos operacionais.

O investimento inicial divide-se em investimentos fixos e pré-operacionais, que correspondem a todas as despesas que se têm para que o negócio possa funcionar apropriadamente, como máquinas, móveis, ferramentas, veículos, reformas, etc.; e capital de giro[2], que corresponde ao montante de recursos financeiros utilizados pela empresa para movimentar seus negócios. Há um período, cuja amplitude varia de negócio para negócio, entre o início das operações da empresa e a entrada de receitas de vendas. Durante esse período, os custos devem ser financiados pelos fundos provenientes do capital social.

O montante do capital de giro deve ser definido tendo-se em conta o nível efetivo de produção — recursos financeiros necessários para pôr em funcionamento a empresa, como compra de insumos e custo de manutenção de estoque de insumos, a fim de que não haja descontinuidade, e custo de manutenção de estoque de produtos acabados —, o prazo de pagamentos das compras e de recebimento das vendas (liquidez), a sazonalidade, bem como a dinâmica dos primeiros meses de funcionamento do negócio e

---

[1] A terminologia contábil estabelece diferença entre despesa e custo: o que se contabiliza em conta de resultado é tratado como despesa; o que se contabiliza em conta patrimonial do Ativo, custo. Para este livro, preferiu-se adotar a denominação custo para os dois casos.
[2] Para mais, confira Assaf Neto e Silva (2006).

uma certa quantidade de recursos líquidos mantidos em caixa para cobrir necessidades correntes.

Uma das etapas mais importantes na constituição de uma empresa é a determinação do montante de capital mínimo para iniciá-la e a sua obtenção. Esse capital pode vir de quatro fontes[3]:

* **Captação via dívida:** ou seja, pegar capital emprestado com instituições bancárias para financiar negócio, sem perder nenhuma parcela da empresa; porém, pagando juros. São alternativas: *venture debt*, linhas de crédito entre outros;

* **Captação via *equity*:** ou seja, receber capital de investidores que compram uma parcela do negócio. São alternativas o investimento anjo, *seed money* entre outros.

* **Captação via *crowdfunding* (financiamento coletivo):** em linhas gerais o *equity based crowdfunding* funciona como uma emissão de títulos por empresas em estágio inicial ou com potencial de crescimento por meio de sites especializados em organizar campanhas de *crowdfunding*. O título emitido garante ao investidor a opção de participação societária no capital social da empresa emissora.

* **Captação via subvenção econômica:** em resumo, é um instrumento de política pública que visa a permissão do governo em incentivos ao desenvolvimento de novos negócios. Geralmente a subvenção econômica é destinada ao financiamento das despesas de custeio das empresas de micro e pequeno porte, aspirando apoio aos projetos de desenvolvimento de produtos e processos inovadores. O grande benefício dessa modalidade é o acesso a recursos não-reembolsáveis; ou seja, recursos que o empreendedor não precisa pagar depois — pois não é empréstimo — e nem oferecer participação da empresa em troca disso. Os recursos recebidos e subvenção, porém, devem ser destinados integralmente para o desenvolvimento de um projeto na empresa. Pode-se citar como exemplo, as chamadas temáticas, o Tecnova e o Programa Centelha, do Fundo de Financiamento de Estudos de Projetos e Programas, o Finep, e o Sinapse da Inovação, Fundação Centros de Referência em Tecnologias Inovadoras, a Certi. Os custos operacionais equivalem aos gastos feitos nas

---

3 Sobre as três primeiras possibilidades, recomenda-se fortemente conhecer o Mapa de acesso a capital, desenvolvido pela Endeavor (www.capital.endeavor.org.br).

compras dos diversos componentes do processo de produção e vendas, direta ou indiretamente. Uma parte desses custos é fixa, ou seja, independe do volume de produção (indústria) ou de vendas (comércio ou serviço); a outra é variável, ou seja, varia de acordo com o volume de produção ou de venda.

Os custos são classificados como fixos ou variáveis, de acordo com a atividade do negócio[4]. Para uma empresa de consultoria, o custo com água seria fixo; mas para uma indústria que utiliza água como insumo, seria variável.

Tomem-se como exemplo:

* *Custos fixos*:
  * Água;
  * Energia;
  * Telefone e internet;
  * Seguros (contra roubo, incêndio, etc.);
  * Salários e encargos;
  * Pró-labore;
  * Aluguéis e condomínios;
  * Tributos fixos (IPTU, IPVA, etc.);
  * Material de escritório;
  * Material de limpeza;
  * Honorários de contador;
* *Custos variáveis*:
  * Insumos de produção;
  * Compras para revenda;
  * Tributos variáveis (ICMS, ISS, Simples Nacional, etc.);
  * Comissões;
  * Frete.

---

4 A rigor, existem também os custos semivariáveis ou semifixos, nos quais uma parte é sensível à variação do nível de atividade; e a outra, insensível.

Feitas as considerações sobre receitas e custos, foram criadas as condições para o perfeito entendimento do tema fluxo de caixa.

Fluxo de caixa[5]

O fluxo de caixa, por sua vez, é um mapa onde se registram, no momento de sua ocorrência, as estimativas de entradas (receitas) e saídas (custos) de recursos financeiros.

As entradas e saídas de caixa ocorrem em um ciclo dinâmico. Esse ciclo constitui o tempo necessário para que os desembolsos com aquisição de matérias-primas, pagamento de pessoal, pagamento de aluguéis, por exemplo, gerem receita de vendas.

Na elaboração do fluxo de caixa, estimam-se, com base na projeção de vendas, o volume de receitas delas provenientes e os gastos diretamente relacionados com a produção (indústria) ou a venda (comércio ou serviço). Os demais gastos (custos fixos, pagamento de tributos e empréstimos, etc.) e receitas (financeiras e adicionais) também são projetados. Estimadas as entradas e as saídas, tem-se a previsão do fluxo líquido de caixa (fluxo do período).

Além do saldo da diferença entre entradas e saídas do período corrente (fluxo do período), há o saldo acumulado do fluxo. Se o saldo final for negativo, tem-se um déficit; se superior, um superávit; se igual, um saldo nulo.

A fim de evitar problemas relacionados com a liquidez, o fluxo de caixa precisa ser planejado com base no ciclo operacional do empreendimento. Tal planejamento permite antever déficits, os quais precisariam ser cobertos, por meio de empréstimos bancários ou financiamentos, por exemplo; ou superávits, que possibilitariam reinvestimentos ou aplicações financeiras.

A atividade de controle de caixa lida com as questões referentes à sobra ou à insuficiência de caixa, além de buscar a distribuição adequada dos saldos de caixa dentro do prazo de cobertura.

Toda empresa, em circunstâncias normais, mantém algum volume de dinheiro em caixa, disponível a variações diárias. Há empresas que, por venderem à vista e pagarem os fornecedores a prazo, tendem a manter um volume elevado de disponibilidades financeiras. Normalmente, o dinheiro disponível é aplicado no mercado financeiro, habitualmente em investimentos de curto prazo e sem risco. Entretanto, essas sobras de

---

5 Para saber mais, confira Silva (2005).

caixa podem ser aplicadas vantajosamente fora do mercado financeiro, por exemplo, para antecipar pagamentos — desde que o desconto seja maior do que a rentabilidade da aplicação financeira — ou para o financiamento de clientes, com alongamento do prazo de pagamento mediante a cobrança de encargos financeiros, se maior do que a auferida nas aplicações financeiras.

Adverte-se, entretanto, que, mesmo que o fluxo de caixa gere dados confiáveis, é recomendável manter alguma margem de folga nas aplicações das sobras de caixa para prevenir eventuais erros de previsão. Porque, se uma empresa, com dinheiro aplicado, mas indisponível para saque, precisar recorrer a uma linha de financiamento de curtíssimo prazo para cobrir um déficit de caixa, ela pagará bem mais por esse empréstimo do que obterá pelo rendimento da aplicação.

Por outro lado, há a insuficiência de caixa. Esse é o primeiro sintoma da existência de problemas financeiros e não financeiros na empresa. Vários fatores, isolados ou em conjunto, podem contribuir para o surgimento de insuficiência de caixa em uma empresa: inadimplência dos clientes; volume financeiro de vendas menor do que o de pagamento de compras (gargalo); queda nas vendas; desembolsos extraordinários e crescimento de despesas com juros.

A solução permanente dos problemas de caixa exige mudanças profundas na empresa, pois é quase sempre o reflexo de um problema maior. A administração financeira pode dar contribuições limitadas à insuficiência de caixa, porque as medidas a seu alcance têm ação restrita.

Pode-se promover ainda a aceleração das entradas de caixa, desde que não acarrete perda de mercado. A redução do prazo de faturamento é a ação mais direta para acelerar as entradas de caixa. Em virtude de o preço de vendas faturadas embutir uma taxa de juros, a redução do prazo de faturamento implica no expurgo dessa taxa, reduzindo, assim, o preço de venda. Um outro possível caminho pode ser a antecipação de recebíveis (unilateral ou por sugestão, com desconto). Pode-se, ainda, retardar ou suspender saídas de caixa, o que acarreta surgimento de custos financeiros, além de renegociações com alongamento dos prazos, levando ao pagamento de custos financeiros.

O período coberto na projeção do fluxo de caixa (prazo de cobertura) normalmente é dividido em intervalos (período de informação). No software Profit, o fluxo de caixa é estruturado em intervalos de meses no primeiro ano de operação e de anos até o quinto ano (Figura 26).

Discriminação	Até o 1º mês	1º mês	2º mês	...	12º mês	Ano 1	...	Ano 5
Total de Entradas								
Capital Próprio								
Capital de terceiros								
Receita de vendas								
à vista								
a prazo								
Receita financeira								
Empréstimo								
Capital Próprio								
Total de Saídas								
Investimento fixo e pré-operacional								
Custo Fixo								
Custo Variável								
à vista								
a prazo								
Pagamento de empréstimos								
Tributo sobre faturamento								
Tributo sobre despesa								
Despesa de venda								
Provisão para IRPJ e CSLL								
Fluxo de Período								
Saldo de Caixa Acumulado								

Figura 26 – Fluxo de caixa – modelo do software Profit

Na análise do fluxo de caixa, é interessante apontar: o montante e a data da maior exposição do caixa, a data do primeiro fluxo positivo (do período e acumulado) e o comportamento da evolução do fluxo de caixa ao longo do período projetado.

Recomenda-se que sua análise seja feita através de gráficos, pela facilidade de visualização. Tome-se como amostra a Figura 27.

Nota-se (Figura 27) que o montante disponível para capital de giro (R$ 5.000,00) não foi suficiente para compensar o gargalo inicial entre os volumes financeiros de recebimento e de pagamento. A empresa demorou três meses para ter fluxo positivo no período (R$ 550,00), pois à medida que se acumulavam, permitiu-se ter saldo positivo apenas no quinto mês (R$ 325,00).

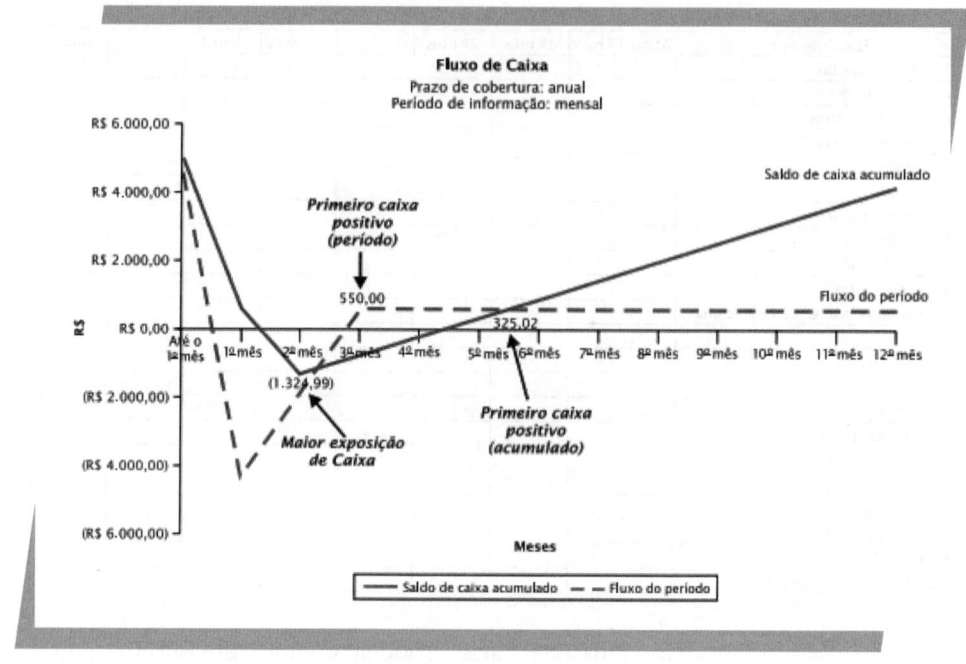

Figura 27 – Análise gráfica do fluxo de caixa

Princípio do desconto

Os indicadores propostos neste livro para análise de viabilidade financeira do empreendimento são métodos de fluxo de caixa descontado. Há que se falar, então, sobre o princípio do desconto.

O princípio do desconto pode ser mais facilmente explicado por meio de um exemplo: se R$ 100,00 recebidos hoje não são equivalentes a R$ 100,00 recebidos dentro de t anos, então, quanto vale o capital equivalente a R$ 100,00 aplicados durante t anos a uma taxa de juros i ao ano?

Corresponderia a:

R$ 100,00 × $(1 + i)$ ao final de um ano

R$ 100,00 × $[(1 + i) + i(1 + i)]$ ou R$ 100,00$(1 + i)2$ ao final de dois anos.

[...]

R$ 100,00 $(1 + i)t$ ao final de t anos; ou seja, o valor futuro (VF).

Se R$ 100,00 aplicados à taxa i ao ano, ao cabo de t anos, equivale a R$ 100,00$(1 + i)t$, então, para dispor de R$ 100,00 ao cabo de t anos, será suficiente aplicar hoje, a uma taxa de juros i, 100 $(1+i)$-t ou em outros termos, $\frac{100}{(1+i)^t}$; ou seja, o valor presente (VP).

De maneira geral, o valor presente será tanto menor quanto maior for o tempo (t) e/ou mais elevada for a taxa de juros (i).

Feitas essas considerações, passa-se ao conceito de custo de oportunidade.

Custo de oportunidade

Quando um fator de produção[6] apresenta usos alternativos, o retorno proporcionado pelo uso alternativo de maior rentabilidade, ajustado ao risco, é o custo de oportunidade desse fator de produção. Utiliza-se, neste livro, o conceito de custo de oportunidade com a denotação de valor de uso alternativo do capital (taxa de juros)[7].

O custo de oportunidade do capital (também conhecido como taxa de atratividade ou taxa de desconto) é o custo de oportunidade de uso do fator de produção capital ajustado ao risco do empreendimento.

É a remuneração alternativa que pode ser obtida no mercado para empreendimentos da mesma classe de risco (com retornos equivalentes). Nada mais é, portanto, do que uma taxa de rentabilidade exigida para que se invista na oportunidade identificada. No exemplo anterior, equivalia à taxa de juros i.

Para investir em um dado empreendimento, é razoável exigir-se que sua rentabilidade seja maior do que a remuneração teórica de outras oportunidades de investimento de risco semelhante oferecidas pelo mercado.

Nas palavras de Buarque (1984):

> O custo de oportunidade é um custo financeiro que equivale à perda que o capital investido sofre por estar vinculado ao projeto e não poder ser investido em nenhuma outra alternativa oferecida pelo mercado. (BUARQUE, 1984. p. 145)

---

6 Os recursos, ou elementos básicos, utilizados na produção de bens e serviços são denominados fatores de produção. Tradicionalmente, são categorizados em três fatores: capital, trabalho e natureza.
7 Segundo Varian (1993), o conceito de custo de oportunidade pode ser utilizado como definição econômica de custo dos fatores de produção, taxa de substituição entre dois bens e taxa de juros.

Uma lei fundamental governa o ordenamento das taxas de lucratividade: quanto maior for o nível de risco de determinado investimento, maior lucratividade ele deverá oferecer. Ou seja, quanto maior o risco envolvido, maior será a lucratividade esperada.

Na Figura 28, ilustra-se esse relacionamento entre risco e retorno.

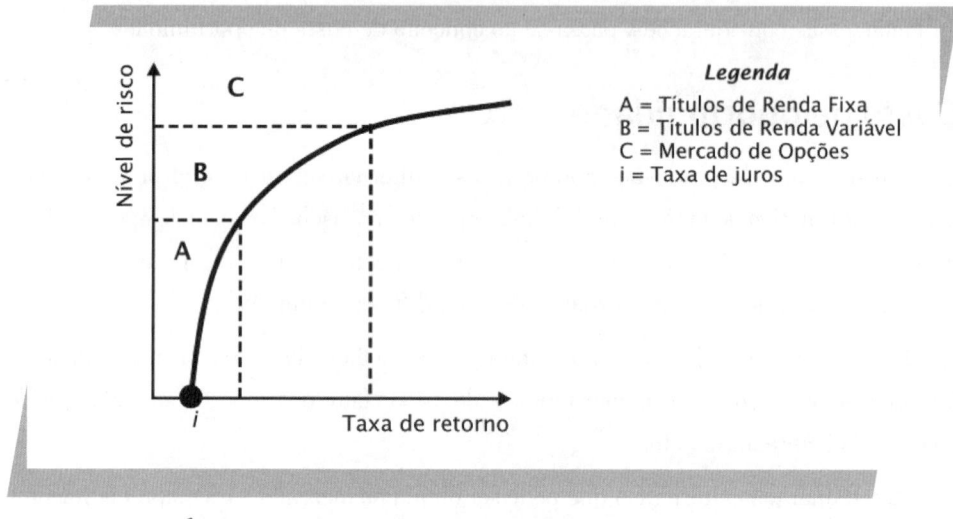

Figura 28 – Taxa de Retorno × Nível de Risco

A Figura 28 mostra o relacionamento entre taxa de retorno (eixo das abscissas) e nível de risco (eixo das ordenadas). A curva[8] ascendente indica que quanto maior for o risco do investimento, maior deverá ser a lucratividade esperada. A base é a taxa de juros "pura", ou seja, livre de risco.

O primeiro nível (A) é representado pelos títulos de renda fixa públicos e privados. Os títulos do Governo Federal (como as Notas do Tesouro Nacional, os Bônus do Banco Central e os Títulos da Dívida Agrária) têm, em princípio, rendimento certo; por essa razão, devem render a menor taxa de retorno, ou, em outras palavras, a própria taxa de juros pura é a taxa de retorno desses títulos, pois apresentam um risco nulo. Os títulos não garantidos pelo Governo Federal (títulos particulares de renda fixa, como as Letras de Câmbio, Certificados de Depósitos Bancários, Recibos de Depósitos Bancários e Debêntures) têm um nível de risco maior, devendo, portanto, oferecer retornos superio-

---

8 O formato convexo da curva está de acordo com a hipótese de utilidade marginal decrescente das rendas monetárias, ou seja, de uma função utilidade convexa, em um diagrama de utilidade total (eixo das ordenadas) × renda (eixo das abscissas), representativa de uma atitude de aversão em relação risco. Se a função utilidade fosse côncava, referir-se-ia à atitude de tendência ao risco; se uma linha de 45°, de indiferença ao risco.

res. Apesar da variabilidade dos retornos desses títulos, há a fixação de prazo de vencimento e de taxas de retorno estabelecidas contratualmente, além de dispositivos legais em favor do investidor no caso de falência do emitente (única possibilidade de não cumprimento de tais cláusulas do contrato), de forma que a incerteza envolvida nesse tipo de investimento diminui substancialmente. Além disso, contribui para a minimização dos riscos dos títulos de renda fixa, o Fundo Garantidor de Crédito (associação civil sem fins lucrativos), que tem por objetivo dar garantia de crédito em nome das instituições financeiras e associações de poupança e empréstimo.

O segundo nível (B) é caracterizado pelos títulos de renda variável (como ações e debêntures conversíveis em ações), em que existem altas taxas de lucratividade associadas a investimentos bem mais arriscados. Em ações dessa natureza, não há garantias reais ou prazos de vencimento, e, no caso de falência do emitente, os acionistas ordinários terão acesso somente ao resíduo patrimonial remanescente após o pagamento das obrigações da empresa e a devolução dos investimentos originais aos acionistas preferenciais. Em virtude disso, a taxa de retorno prevista desse tipo de investimento deverá ser superior às alternativas anteriores.

Por fim, há o último nível (C), representado pelo mercado de opções, em que se negociam direitos de compra ou venda de lotes de ações com preços e prazos preestabelecidos. O comprometimento em uma operação a ser realizada no futuro, de um ativo esgotável — que perde o valor no vencimento —, torna o risco evidente, pois o investidor pode perder todo capital aplicado; logo, a expectativa de rentabilidade é elevadíssima — diante de um investimento super arriscado.

Por tudo que foi apresentado, não se pode admitir que alguém corra risco sem esperar, proporcionalmente, uma taxa de lucratividade superior à taxa de juros pura ("livre de risco").

De acordo com Fensterseifer e Saul (1993), aproximadamente 3/4 das empresas pesquisadas exigem uma taxa de rentabilidade mínima para a maioria (39,7%) ou todos os projetos (37,4%).

Um indicador bastante utilizado como parâmetro na definição do custo de oportunidade é o IBrX (Índice Brasil)[9], cuja divulgação foi iniciada em 1997. O IBrX é um índice de preços que mede o retorno de uma carteira teórica composta por cem ações selecionadas entre as mais negociadas na Bovespa, tanto em termos de número de ne-

---

9 Pode-se acompanhar sua evolução pelo site da Bolsa de Valores do Brasil [B]3 (www.b3.com.br).

gócios quanto de volume financeiro, ponderadas no índice pelo seu respectivo número de ações disponíveis à negociação no mercado (BOVESPA, 2007).

A metodologia de cálculo do IBrX pode ser expressa da seguinte forma (BOVESPA, 2007, p. 10-11):

$$IBRX_t = IBRX_{t-1} \times \frac{\sum_{i=1}^{n} Q_{i_{t-1}} \times P_{i_t}}{\sum_{i=1}^{n} Q_{i_{t-1}} \times P_{i_{t-1}}}$$

Notação:

$IBrX_t$ = Valor do índice no dia t.

BrX_{t-1} = Valor do índice no dia $t-1$.

n = Número de ações integrantes da carteira teórica do índice (100).

Qi_{t-1} = Quantidade teórica da ação i disponível à negociação no dia $t-1$.

P_{it} = Preço da ação i no fechamento do dia t.

P_{it-1} = Preço da ação i no fechamento do dia $t-1$.

Tem-se observado também a utilização da Taxa Selic[10] como custo de oportunidade, o que não nos parece apropriado, já que a Taxa Selic é, em princípio, a taxa de juros "pura", logo "livre de risco". Portanto, não há lógica em correr risco pelo risco![11] Pode-se, contudo, utilizar a Taxa Selic como parâmetro, sobre o qual se acrescenta um "prêmio de risco", a fim de compensar o risco assumido.

Acrescenta-se que o custo de oportunidade é, em última instância, uma decisão pessoal. O ideal é que ela represente a taxa da melhor alternativa de investimento disponível, de risco semelhante ao do negócio em questão.

Adiciona-se, também, ao que foi discutido, que o custo de oportunidade não correspondente à taxa de lucratividade real, compreendendo o termo "real" com a denotação de um resultado livre dos efeitos inflacionários.

Supondo que a taxa de rentabilidade (nominal) de um ativo tenha sido 12,8% e a inflação 9,2%, qual seria sua taxa de rentabilidade real?

---

[10] Em termos gerais, a Taxa Selic é o valor da taxa de juros fixada pelo Comitê de Política Monetária (Copom) do Banco Central do Brasil (Bacen) que remunera os investidores que aplicam nos papéis do governo brasileiro.

[11] Nesse caso, a função utilidade seria uma linha de 45° em um diagrama de utilidade total (eixo das ordenadas) × renda (eixo das abscissas), representativa de uma atitude de indiferença ao risco. Hipótese pouco provável.

Sendo taxa real expressa por:

$$r = \left(\frac{1+i}{1+\alpha}\right) - 1$$

Notação:

r = Taxa real.

i = Taxa nominal.

α = Inflação.

Então,

$$r = \left(\frac{1+0{,}128}{1+0{,}092}\right) - 1 = 3{,}3\%$$

Algumas empresas adotam o procedimento de adicionar um "prêmio de inflação" ao custo de oportunidade, ou seja, um *spread* de risco atribuível à inflação.

Se o custo de oportunidade for 25% a.a. (ao ano) e a inflação prevista de 4,5% a.a., querendo-se acrescentar a inflação prevista ao custo de oportunidade, pode-se calcular, a partir da identidade da taxa real, a taxa nominal:

$i = (1 + r) \times (1 + \alpha) - 1$

Logo:

$i = (1 + 0{,}25) \times (1 + 0{,}045) - 1 = 30{,}63\%$

Feitas essas considerações iniciais, o plano de referência necessário para discorrer sobre cada um dos métodos mais utilizados no plano financeiro de plano de negócios está concluído. A seguir, descreve-se cada um dos indicadores de rentabilidade e risco.

Valor presente líquido (VPL)

O VPL representa o valor atual para os futuros fluxos reais que serão gerados para o projeto, deduzido o investimento inicial, descontado a uma taxa que representa o custo de oportunidade do investidor. O VPL pode ser representado pela expressão[12]:

---

[12] No caso de projetos, geralmente se considera na equação valor residual (RN) do projeto ao final da sua vida útil (N). Nesse caso, o VPL pode ser representado pela expressão $VPL = \sum_{i=1}^{N} \frac{R_t - C_t}{(1+i)^t} + \frac{R_N}{(1+i)^N} - I_0$.

$$VPL = \sum_{i=1}^{n} \frac{R_t - C_t}{(1+i)^t} - I_0$$

Notação:

VPL = Valor Presente Líquido.

i = Taxa de desconto.

n = Período considerado.

t = Período genérico (t = [0 ; n]).

R_t = Entradas líquidas de caixa em t.

C_t = Saídas líquidas de caixa em t.

I_0 = Investimento inicial.

Salienta-se que o princípio de desconto apresentado se baseia em duas hipóteses, não obstante a comodidade de sua aplicação, pouco realistas: as entradas e as saídas de caixa concentram-se em uma única data — nesse caso particular, no fim do período; e o método de capitalização é o de juros compostos, sendo divididos somente ao final do horizonte considerado[13].

Pode-se deparar com as seguintes situações ao analisar o VPL:

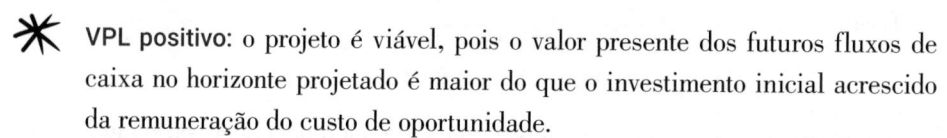

* **VPL positivo:** o projeto é viável, pois o valor presente dos futuros fluxos de caixa no horizonte projetado é maior do que o investimento inicial acrescido da remuneração do custo de oportunidade.

* **VPL nulo:** aceitar ou não o projeto é indiferente, pois os fluxos de caixa do projeto no horizonte projetado são apenas suficientes para restituir o capital investido e prover a taxa de desconto exigida sobre esse capital[14].

---

13 Uma forma de contornar isso é admitir que a capitalização seja contínua. Nesse caso: $VPL_\pi = \int_{t=0}^{t=n} (R_t - C_t)e^{-\pi t}\,dt - I_0$, sendo π o equivalente contínuo da taxa de juros no caso discreto. E se for considerada a vida útil do projeto, tem-se: $VPL_\pi = \int_{t=0}^{t=N} (R_t - C_t)e^{-\pi t}\,dt + S_N e^{-\pi T} - I_0$.

14 Pela hipótese da utilidade marginal decrescente das rendas monetárias (comportamento de aversão ao risco), diante de chances iguais de ganhar ou perder determinada quantia ou permanecer com a riqueza inalterada, recusar-se-ia a possibilidade de ganhar ou perder em chances iguais, pois a perda traria um prejuízo, em termos de utilidade, maior do que o ganho de utilidade proporcionado pela chance de ganhar, haja vista o formato convexo da curva da função utilidade.

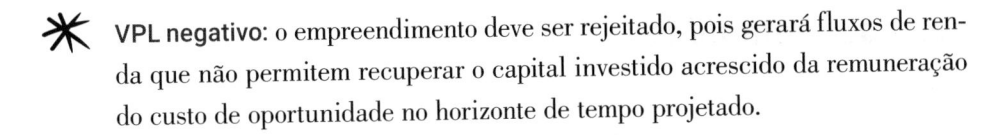

※ **VPL negativo:** o empreendimento deve ser rejeitado, pois gerará fluxos de renda que não permitem recuperar o capital investido acrescido da remuneração do custo de oportunidade no horizonte de tempo projetado.

Logo, se o VPL for positivo, na data zero, o valor presente líquido de todos os futuros fluxos de caixa projetados, descontada a taxa de desconto, é maior do que o de todo o capital investido. Então:

※ O capital investido é recuperado;

※ A remuneração do investimento supera o custo de oportunidade estabelecido (i);

※ O projeto gera um ganho de riqueza, a valor presente, que na data zero é representado pelo VPL.

A limitação geralmente atribuída a essa técnica refere-se ao não relacionamento do montante do valor presente líquido ao do valor investido.

Supondo as alternativas A e B como se mostra no Quadro 14:

Quadro 14 – Análise pelo VPL

ALTERNATIVAS	VALOR INVESTIDO	VPL (R$)
A	40.000,00	15.000,00
B	70.000,00	15.500,00

Qual a melhor alternativa?

Analisando somente pelo VPL, as duas alternativas são viáveis, com destaque para a alternativa B.

Contudo, ela demanda um investimento inicial 75% superior ao da A. Para solucionar o problema apontado, pode-se calcular a taxa de rentabilidade (TR), que consiste na relação entre VPL e investimento inicial. Próximo indicador a ser apresentado.

Taxa de rentabilidade (TR)

A TR consiste em estabelecer a razão entre o valor presente líquido, determinado a partir da taxa de desconto, e o investimento inicial do projeto e multiplicar o resultado por 100 para poder expressá-lo em percentual[15].

A TR pode ser apresentada da seguinte forma[16]:

$$TR = \frac{\sum_{i=1}^{n} \frac{R_t - C_t}{(1+i)^t} - I_0}{I_0} \times 100$$

Na análise desse critério, considera-se que o investimento será rentável sempre que a TR for superior a zero, isto é, quando o VPL do projeto for superior ao seu investimento inicial.

Retomando o exemplo anterior, temos (Quadro 15):

Quadro 15 – Análise pelo VPL e pela TR

ALTERNATIVAS	VALOR INVESTIDO	VPL (R$)	TR
A	40.000,00	15.000,00	38%
B	70.000,00	15.500,00	22%

Embora sejam viáveis os dois investimentos, a alternativa A mostrou-se mais rentável (38% contra 22%). Acrescenta-se que o nível de risco associado ao investimento da alternativa B é maior do que o da A, dada a sua magnitude (75% superior ao valor investido). Por outro lado, o valor necessário para o investimento B pode impor uma barreira à entrada de novos concorrentes, ao passo que o da A, na melhor das hipóteses, em menor peso.

Portanto, além de avaliar o VPL, deve-se relacioná-lo ao valor investido, por meio da TR, e ao seu nível de risco.

---

15 Alternativamente, tem-se o índice de rentabilidade: $IR = \frac{\sum_{i=1}^{n} \frac{R_t - C_t}{(1+i)^t}}{I_0}$.

16 Em termos de capitalização contínua: $TR_\pi = \frac{\int_{t=0}^{t=n} (R_t - C_t) e^{-\pi t} dt}{I_0} \times 100$.

Taxa interna de retorno (TIR)

A TIR[17] é definida como a taxa de desconto que iguala o valor presente das entradas de caixa esperadas de um projeto ao valor presente das saídas esperadas de caixa. Ou seja, a taxa de desconto que, aplicada à série de entradas e saídas de caixa esperadas, iguala o fluxo a zero.

Pode ser apresentada da seguinte forma[18]:

$$VPL = \sum_{i=1}^{n} \frac{R_t - C_t}{(1+i)^t} - I_0 = 0$$

Sendo i = incógnita = TIR

Em sua análise, deve-se comparar a TIR com o custo de oportunidade:

* Aceita-se o projeto se a TIR for superior ao custo de oportunidade;
* Aceitar ou rejeitar o projeto é indiferente se a TIR for igual ao custo de oportunidade;
* Rejeita-se o projeto se a TIR for inferior ao custo de oportunidade.

Há duas limitações associadas ao uso da TIR: uma refere-se à possibilidade de um investimento apresentar mais de uma TIR; a outra, de apresentar TIR negativa.

Geometricamente, a TIR é o ponto em que a curva do VPL em função da taxa de atratividade cruza o eixo das abscissas. Sempre que houver mais de uma inversão de sinal na sequência de valores considerados no fluxo (fluxos de caixa não convencionais), poderá haver mais de uma TIR possível[19]. Considere, por exemplo, o seguinte fluxo de caixa: Ano 0 = –55; Ano 1 = 155; Ano 2 = –105. Nesse caso, como se mostrará a seguir, há duas TIR (ou taxas que zeram o VPL).

Fazendo-se o cálculo na calculadora financeira HP 12C®, vê-se que aparece a mensagem "ERROR 3", indicando que há mais de uma solução possível.

---

[17] Corresponde ao conceito de Eficiência Marginal do Investimento (EMgI) apresentado por John Maynard Keynes na obra *Teoria Geral do Emprego, Juro e Moeda*.

[18] Em termos de capitalização contínua: $\int_{t=0}^{t=n}(R_t - C_t)e^{-\pi t}\,dt = I_0$, sendo π (a taxa equivalente contínua da taxa de juros no caso discreto) a incógnita.

[19] A regra de Descartes estabelece que o número de raízes reais positivas de uma equação algébrica com coeficientes reais é de, no máximo, o número de variações de sinais dos coeficientes.

HP 12C

55 CHS g CF0	Armazenar Fluxo de Caixa do Ano 0
155 g CFj	Armazenar Fluxo de Caixa do Ano 1
105 CHS g CFj	Armazenar Fluxo de Caixa do Ano 2
f IRR	Calcular TIR
→**ERROR 3**	**Resultado**
Clx	Limpar visor
35,5 RCL	Armazenar estimativa
g PSE	Liberar pausa
→ **13,26%**	**Resultado**
35,6 RCL	Armazenar estimativa
g PSE	Liberar pausa
→ **68,56%**	**Resultado**

Diante disso, é necessário indicar uma estimativa. Explica-se que no exemplo foram usadas como estimativas as taxas 35,5% e 35,6%, para evidenciar que a HP 12C mostra como resultado uma das respostas possíveis de acordo com o ponto de inflexão da curva do VPL (sensibilizada pela taxa). Assim, como 35,5% está à esquerda do ponto de inflexão, o resultado mostrado foi 13,26%; e por 35,6% estar à direita do ponto de inflexão, o resultado mostrado foi 68,56%.

Algebricamente, porém, não há necessidade de utilizar tentativa e erro, pois com apenas duas inversões de sinais no fluxo de caixa, há solução analítica. Considerando-se o ano 2 como ponto focal, tem-se:

FC0 − FC1 + FC2 = 0.

Sendo FC = Fluxo de caixa

Substituindo:

$55 \times (1 + TIR)2 - 155 \times (1 + TIR) + 105 = 0$

Resolvendo a equação de 2º grau pela fórmula de Bhaskara, tem-se:

$$TIR = \frac{155 \pm \sqrt{925}}{110} - 1 = 13{,}26\% \ e \ 68{,}56\%$$

Acrescenta-se que se houver uma equação de grau $n > 4$, em $(1 + i)$, que tem, portanto, $n > 4$ raízes, a equação deve ser resolvida por cálculo numérico, pois não se admite solução analítica.

Além disso, como mencionado, pode haver também situações nas quais uma taxa negativa zera o VPL. Ou seja, uma TIR negativa. Deve-se evitar o uso da TIR sempre que ocorrer tal situação (fluxos de caixa não convencionais).Usar a taxa interna de retorno modificada (veja Apêndice B) pode ser também uma solução para fluxos de caixa não convencionais

Tempo de retorno do investimento (payback)

De forma resumida, o método de *payback* mensura o tempo necessário para a recuperação do capital investido inicialmente. Ao contrário do proposto por alguns autores (DEGEN, 1989 e ROSA, 2004), não se indica que essa técnica seja utilizada sem que se considere o valor do dinheiro no tempo. À técnica de *payback* que considera o valor do dinheiro no tempo, dá-se no nome de *payback* descontado.

A expressão do *payback* pode ser generalizada como nesta fórmula[20]:

$$VPL = \sum_{i=1}^{n} \frac{R_t - C_t}{(1 + i)^t} - I_0 = 0$$

Sendo t = incógnita = *payback*.

Notação:

t = Período genérico ($t = [1 ; n]$).

O *payback* descontado corresponde ao número de períodos decorridos desde o investimento inicial até o momento de sua recuperação (quando o saldo de caixa se torna nulo), a partir de fluxos de caixa líquidos descontados. Pode ser determinado por semelhança de triângulos retângulos (veja Apêndice C).

O *payback* descontado tem fácil interpretação: quanto menor o tempo de recuperação do capital descontado investido, melhor, uma vez que o projeto terá maior liquidez e menor risco. A previsibilidade dos fluxos de caixa e o custo de oportunidade fazem com

---

20 Em termos de capitalização contínua: $\int_{t=0}^{t=n}(R_t - C_t)e^{-\pi t}dt = I_0$, sendo t = incógnita.

que o empreendedor fixe um período até o qual está disposto a aceitar a recuperação do investimento feito (*payback* aceitável).

O critério de decisão pode ser assim resumido:

* Aceita-se se o *payback* for inferior ao *payback* aceitável;
* Aceita-se ou rejeita-se, indiferentemente, caso o *payback* seja igual ao *payback* aceitável;
* Rejeita-se se o *payback* for superior ao *payback* aceitável.

Esse método tem uma limitação fundamental: apesar de se basear no fluxo de caixa descontado, essa técnica não leva em consideração os fluxos recebidos após o prazo estimado. Não considera, assim, a vida útil do projeto além do tempo necessário para o retorno — que difere de acordo com a natureza de cada empreendimento.

Isoladamente, então, esse indicador poderia levar a interpretações equivocadas, mas é útil no contexto em que foi inserido, combinado com os demais métodos.

Destaca-se que no **Profit**, cujo **download** pode ser feito no site do autor, na seção "Softwares", e também no site da editora, o usuário pode acessar a ferramenta Simulador de análise de viabilidade no menu Ferramentas do software. Essa ferramenta gera automaticamente uma interpretação para os indicadores de viabilidade discutidos (VPL, TR, TIR e *payback*) a partir dos dados informados pelo usuário.

Em arremate às considerações feitas até aqui, alerta-se que os critérios de rentabilidade apresentados (*payback*, VPL, TR e TIR) devem ser analisados em conjunto, pois, muitas vezes, podem se contradizer.

No caso de projetos com significativas diferenças entre os valores do investimento inicial, podem ocorrer contradições entre a TIR e o VPL, por exemplo. Isso é possível porque um projeto com baixo investimento inicial pode apresentar uma TIR elevada e ter um reduzido VPL, ao passo que um empreendimento que demande grande volume de investimento inicial pode apresentar alto VPL e baixa TIR.

Outro ponto importante é que as técnicas apresentadas se referem à análise de alternativas de forma individual e não comparando alternativas umas com as outras. Somente é possível analisar alternativas pelas técnicas apresentadas se o valor do investimento inicial e a taxa de desconto for a mesma entre as alternativas analisadas. Caso contrário, é preciso utilizar abordagens de análise de investimento de projetos mutuamente excludentes, como o valor presente líquido anualizado (projetos com amplitudes temporais diferentes) ou técnicas de fluxo de caixa diferencial (projetos a mesma amplitude temporal) — sobre isso, veja Apêndice C.

A limitação comum às técnicas apresentadas diz respeito à dificuldade de determinar o custo de oportunidade adequado para o empreendimento em questão. É difícil relacionar taxas de rentabilidade de investimentos no mercado financeiro, comumente utilizadas como custo de oportunidade, em relação ao seu risco, com alternativas do mercado produtivo. Os indicadores permitem que se avalie comparativamente a remuneração, mas não permite que o mesmo seja feito em relação ao risco das alternativas.

Portanto, mesmo que alternativas de investimento em *open market*, por exemplo, sejam mais rentáveis do que de um determinado investimento no mercado produtivo, pode ser que o risco do investimento no mercado financeiro seja maior do que o do mercado produtivo.

Tratar-se-á, então, de dois instrumentos de análise de risco, dos quais um refere-se ao risco quanto à previsão de vendas e capacidade de produção/comercialização e o outro quanto à previsão de forma geral.

Ponto de equilíbrio

O ponto de equilíbrio (ou *break even*), representa o ponto no qual a receita proveniente das vendas equivale à soma do custo total (fixos mais variáveis). O ponto de equilíbrio possibilita, portanto, estimar o volume de vendas mínimo para que o empreendimento se torne lucrativo.

No plano financeiro que se propõe, utiliza-se o ponto de equilíbrio em quantidade. Para sua determinação matemática, é necessário partir da premissa de que ele somente ocorre quando as receitas se igualam às despesas:

$RT = CT$

Notação:

RT = Receita total.

CT = Custo total.

Sendo:

$RT = PV \times Q$ e $CT = CF + CVt$

Notação:

PV = Preço de venda.

Q = Quantidade.

CF = Custo fixo.

CVt = Custo variável total.

Em que:

CVt = CVu × Q

Notação:

CVu = Custo variável unitário.

Substituindo, tem-se:

PV × Q = CF + CVu × Q

Colocando Q em evidência:

Q × (PV − CVu) = CF

Finalmente:

$$Q = \frac{CF}{PV - CVu}$$

Portanto:

$$PE_{quantidade} = \frac{CF}{PV - CVu}$$

Notação:

$PE_{quantidade}$ = Ponto de equilíbrio em quantidade.

Para uma formulação para mais de um produto, veja o Apêndice D.

Sem dúvida, uma das principais incertezas relativas ao planejamento de qualquer negócio se refere às perspectivas de vendas. Com base nessa estimativa é que se definem as despesas variáveis totais e a receita total.

Como além do investimento, sobre o qual se pautam o *payback*, o VPL, a TR e a TIR, todo empreendimento apresenta despesas fixas operacionais que devem ser pagas periodicamente, independentemente do nível de produção/comercialização em que a empresa opera. Ao investidor interessa saber a quantia mínima que deve ser vendida para que não ocorra perda, no caso, por exemplo, de a projeção de vendas estar superdimensionada.

O ponto de equilíbrio estima o mínimo volume de vendas para que o empreendimento dê lucro; ele indica, portanto, o grau em que um erro na estimativa de vendas não gera perda efetiva ao negócio. A esse grau dá-se o nome margem de segurança.

$MS = Q - PE_{quantidade}$

Notação:

MS = margem de segurança.

A margem de segurança representa a diferença entre o nível de atividade que se prevê atingir e o nível de atividade crítico que preocupa a empresa. Através da análise CVL (custo-volume-lucro), é possível mostrar esses dois indicadores graficamente, em um sistema de eixos em que, no das abscissas, mede-se a quantidade vendida; no das ordenadas, as unidades monetárias.

A interseção das linhas na receita de vendas (representativa da remuneração total estimada para diferentes volumes de produção) e custo total (custos fixos + custos variáveis para os mesmos níveis de produção) é o ponto de equilíbrio.

Traçando-se uma perpendicular das abscissas ao ponto de equilíbrio, tem-se o número de unidades vendidas, cujo valor cobre os custos totais (fixos e variáveis). Traçando-se uma perpendicular das ordenadas ao ponto de equilíbrio, tem-se o valor monetário representativo do número de unidades vendidas que cobrem os custos totais.

A margem de segurança representa a área entre o ponto de equilíbrio e o lucro projetado.

Considere, por exemplo, que ao planejar a abertura de uma *lan house*, estimaram-se os seguintes parâmetros:

- Preço: R$ 2,00/hora.
- Custo fixo: R$ 1.200,00/mês.
- Custo variável unitário: R$ 0,48/hora.
- Vendas: 1.400 horas/mês.
- Capacidade de atendimento: 2.000 horas/mês.

A análise CVL ficaria como na Figura 29.

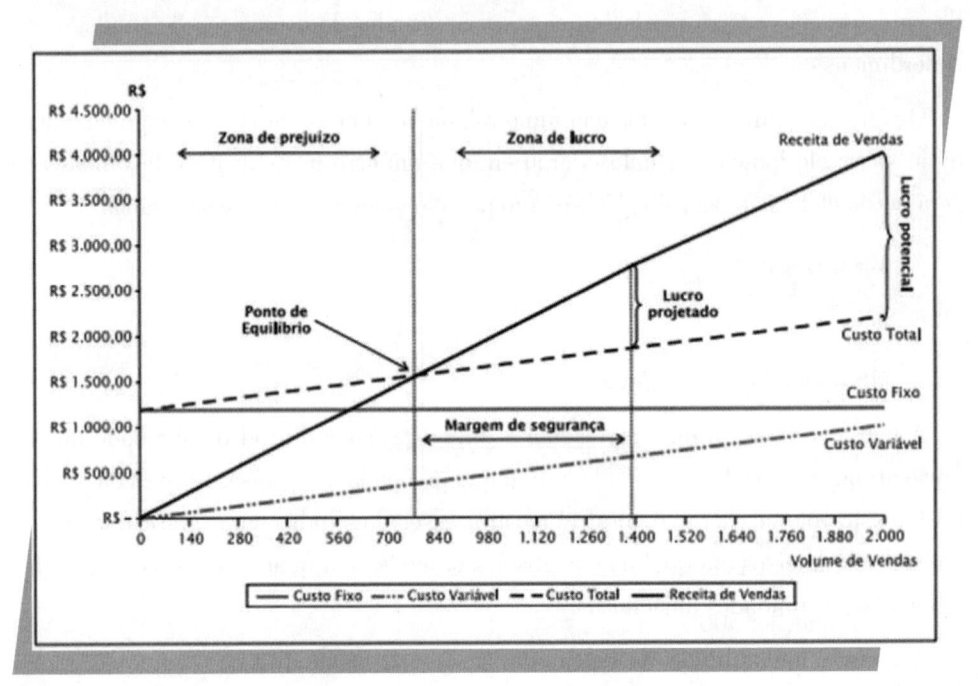

Figura 29 – Análise CVL

Observa-se (Figura 29) que o ponto de equilíbrio da *lan house* é de 789 horas/mês, que representa 56,39% do volume de vendas estimado. Ou seja, se a quantidade de vendas em um dado mês for inferior a 789 horas, a *lan house* terá prejuízo.

Nota-se, também, que o volume de vendas estimado está distante do ponto de equilíbrio, o que indica uma margem de segurança relativamente confortável (43,61%). Isso significa dizer que as vendas projetadas devem cair mais 611 horas/mês para que o caixa se torne deficitário.

Vendendo exatamente o projetado (1.400 horas/mês), ter-se-á lucro a partir da 937ª hora vendida, o que representa 66,86% do volume estimado, montante considerado satisfatório.

Como projeção para a *lan house*, é esperado um lucro mensal de R$ 928,00. A capacidade instalada permite que, sendo vendidas todas as horas que pode ofertar (2.000), a empresa tenha um lucro mensal de R$ 1.840,00.

É importante ressaltar que o ponto de equilíbrio tem por hipótese a produção/comercialização e as vendas ocorrem ao mesmo tempo, uma hipótese bastante restritiva para sua generalização. Como, então, saber o "ponto de equilíbrio" quando a venda ocorre depois da produção/comercialização?

Daremos a esse "ponto de equilíbrio" o nome "volume de vendas mínimo", que pode ser expresso da seguinte forma:

$$Volume\ de\ Vendas\ Mínimo = \frac{CT}{PV}$$

Supondo que uma empresa que produza primeiro para depois vender tenha feito as seguintes estimativas:

- Preço: R$ 10,00.
- Custo fixo: R$ 1.500,00.
- Custo variável unitário: R$ 4,00.
- Produção: 500.

Utilizando como indicador o ponto de equilíbrio, tem-se:

$$PE_{quantidade} = \frac{1.500,00}{10,00 - 4,00} = 250$$

O ponto de equilíbrio informa que, vendendo 250 unidades, as receitas seriam iguais aos custos (lucro nulo). Vejamos:

L = RT − CT

Notação:

L = Lucro.

Substituindo:

L = 10,00 × 250 − (1.500,00 + 4,00 × 500) = − 1.000,00

Como se viu, a empresa teria prejuízo e não lucro nulo. Por quê? Porque a hipótese de que a produção/comercialização seja igual às vendas não foi respeitada, logo o ponto de equilíbrio não poderia ser utilizado pela empresa em seu planejamento. Deveria utilizar o volume de vendas mínimo.

$$Volume\ de\ Vendas\ Mínimo = \frac{3.500,00}{10,00} = 350$$

Verifiquemos:

L = 10,00 × 350 − (1.500,00 + 4,00 × 500) = 0,00

Agora sim, o lucro é nulo. Portanto, para a empresa em análise, o ponto a partir do qual passaria a ter lucro é de 350, e não 250 unidades.

Análise de sensibilidade e de cenários

Para determinar os indicadores de viabilidade e o ponto de equilíbrio, sobre os quais se discorreu nesta seção, utilizam-se dados tidos como certos. Mas tais dados são, na verdade, estimativas do que se supõe ocorrer no futuro. Por mais que haja esforço na apresentação de projeções próximas da realidade, à medida que essa realidade muda, aumenta a probabilidade de erro. Logo, os resultados de cada indicador estimado diferem do real, tanto quanto for maior a dispersão entre os valores considerados como certos e os efetivamente alcançados.

Todo planejamento se dá em ambiente de incerteza, sendo impossível reduzir a zero o risco do empreendimento. A fim de minorar os efeitos desse fato, existem metodologias de análise de risco que permitem conhecer resultados de variações de cada uma das variáveis estimadas, no construto do resultado esperado para o projeto. Uma delas é a técnica de análise de sensibilidade, a qual, como o próprio nome informa, é um procedimento metodológico que avalia a sensibilidade da variação de uma ou mais variáveis, tidas como principais, sobre os resultados do empreendimento. Essa análise visa a, formulando questões do tipo "e se", verificar a elasticidade dos resultados do orçamento à variação de suas variáveis críticas (preço, volume de vendas, etc.).

O que acontecerá se as vendas não alcançarem os níveis previstos? E se forem 10% inferiores ao estimado ou 5% superiores, o que ocorrerá com o fluxo de caixa? A análise de sensibilidade é uma técnica que permite responder a essas questões.

Existem variadas formas de realizar a análise de sensibilidade. De forma geral, consiste em definir o coeficiente a sensibilizar (VPL, TIR, etc.) e determinar sua expressão em função dos parâmetros (variações favoráveis e desfavoráveis dos fatores críticos, considerando os demais constantes) e variáveis críticas (aquelas que interferem de maneira representativa na determinação do custo e na receita e cuja variabilidade seja alta) e comparar os resultados com o normal.

Essa análise é tanto mais importante quanto maior for a insegurança acerca das estimativas. E, mesmo que não seja possível aumentar o nível de confiança das estimativas, é melhor saber quais suas consequências.

Na interpretação, verifica-se a que valor das variáveis críticas o planejamento resiste, e, por causalidade, a viabilidade dos objetivos a serem alcançados. Ou, em outras palavras, avalia-se até quais limites de variação de determinadas condições se podem considerar viáveis suas ocorrências. Considera-se que o projeto é tanto mais seguro quanto menor variação tiver no resultado final e que a viabilidade do projeto é considerada robusta se na premissa pessimista o negócio for rentável.

Se um erro na previsão de determinada variável crítica, com razoável probabilidade de ocorrência — baseada na experiência e no conhecimento do mercado do empreendedor — provocar um resultado abaixo do aceitável do coeficiente a sensibilizar, deve-se, então, investigar as probabilidades de variações dessa variável e verificar a possibilidade de substituí-la. Por outro lado, se for necessária uma variação muito grande para provocar um resultado inaceitável, a realização de esforços adicionais para reduzir os erros de previsão não será justificável.

Além da análise de sensibilidade, pode-se fazer a análise de cenários, que consiste na avaliação do planejamento sob três hipóteses (provável, pessimista e otimista), de acordo com sua distribuição de probabilidade, levando em consideração, também, a sensibilidade do planejamento às variáveis críticas. Em seguida, calculam-se a média e o coeficiente de variação do coeficiente a sensibilizar e compara-se o coeficiente de variação com o de outros ativos.

O uso dessas informações deve visar à introdução de medidas com vistas a modificar as possibilidades de erros na previsão (parâmetros) que produzam resultados insatisfatórios.

Exemplo:

* Preço: R$ 50,00.
* Custo fixo: R$ 3.500,00.
* Custo variável unitário: R$ 36,00.
* Vendas: 500.
* Variável crítica: preço.

✻ Coeficiente a sensibilizar: ponto de equilíbrio.

✻ Variações: positiva (+10%) e negativa (–20%).

✻ Probabilidade de resultados: pessimista (35%), provável (50%) e otimista (15%).

✻ Coeficiente de variação do custo de oportunidade: 35%.

Tem-se (Tabela 1):

Tabela 1 – Análise de sensibilidade e cenários

CENÁRIOS	PROBABILIDADE DEOCORRÊNCIA	VARIÁVEL CRÍTICA PREÇO	COEFICIENTE A SENSIBILIZAR PONTODEEQUILÍBRIO
Pessimista	35%	40,00	875
Provável	50%	50,00	250
Otimista	15%	55,00	184
Estatística descritiva		Média	459
		Desvio padrão	306
		Coeficiente de variação	67%

Vê-se (Tabela 1) que o projeto em questão é muito sensível a variações de preço. Uma redução de 20% no preço, mantendo-se constante as demais variáveis, fez com que o ponto de equilíbrio ultrapassasse a previsão de vendas (a margem de segurança, que é de 50% no cenário provável, ficou negativa: – 375). Uma redução de 20% no preço ocasionou o aumento de 250% do ponto de equilíbrio. Isso decorre, possivelmente, em razão da baixa margem de contribuição (50,00 – 36,00 = R$ 14,00) do produto ante o montante do custo fixo e do volume de vendas. É necessário estudar mais detidamente as estimativas; nesse sentido, analisar com mais atenção os dados da conjuntura econômica, o comportamento dos concorrentes, os clientes-alvo e o mix de marketing, a fim de verificar a probabilidade de uma redução de 20% no preço de venda.

A análise foi feita partindo-se da ideia de que o cenário pessimista (35%) tem maior probabilidade de ocorrer do que o otimista (15%). Isso pode advir da análise da conjuntura econômica, do perfil dos clientes (muito sensíveis a preços), etc.

A variação dos resultados em torno da média, bastante superior à do custo de oportunidade, é elevada como se vê pelo coeficiente de variação de 67%, o que indica um risco razoável quanto às previsões.

É importante frisar que, mesmo com esses procedimentos, o risco do empreendimento não se reduz a zero. Os métodos apresentados servem para reduzir o risco e as incertezas acerca do projeto, mas apresentam limitações. Primeiro, porque, na busca da redução do risco, o resultado que se espera ser o real é deformado; segundo, porque os dados sobre a viabilidade são, a rigor, valores com certa probabilidade de ocorrer no futuro, logo, incertos por natureza; terceiro, porque as relações entre variáveis que afetam o resultado final podem não se conservar no futuro.

Ocorrendo dúvida quanto aos valores das variáveis, aconselha-se que sejam admitidos dados conservadores.

Atente-se, também, que não se deve ignorar o fato de que alterações em uma variável crítica podem provocar modificações em outra. Por exemplo: é provável que o aumento em 15% no preço de venda de um determinado produto (classificado como "normal", segundo a teoria microeconômica), cuja empresa atue em um mercado altamente fragmentado — portanto, com bastante substitutos —, leve à diminuição de suas vendas.

Feito o plano financeiro, talvez seja necessário rever o plano de marketing e a descrição da empresa, diante, por exemplo, de alterações necessárias na previsão de vendas — o que implicaria rever a capacidade de produção/comercialização da empresa — para que os resultados fossem satisfatórios.

Registra-se, por fim, que um exemplo de plano de negócios real elaborado no **Profit** está disponível no software em PDF e em PN (extensão do **Profit**). Acesse os arquivos pelo menu Arquivos/Abrir.

Referências

ASSAF NETO, A.; SILVA, C. A. T. *Administração do capital de giro*. São Paulo: Atlas, 2006.

BANGS Jr., D. H. *The business planning guide: creating a plan for success in your own business*. New Hampshire: Upstart, 1998.

BERNARDI, L. A. *Manual de plano de negócios*: fundamentos, processos e estruturação. São Paulo: Atlas, 2006.

BIAGIO, L. A.; BOTOCCHIO, A. *Plano de negócios*: estratégia para micro e pequenas empresas. São Paulo: Manole, 2005.

BOVESPA. *IBrX*. Disponível em: www.bovespa.com.br/Pdf/Indices/IBrX.pdf. Acesso em: 13 jun. 2007.

BUARQUE, C. *Avaliação econômica de projetos*: uma apresentação didática. Rio de Janeiro: Campus, 1984.

CHÉR, R. *Meu próprio negócio*. São Paulo: Negócio, 2002.

DEGEN, R. J. *O empreendedor*: fundamentos da iniciativa empresarial. São Paulo: Makron, 1989.

DORNELAS, J. C. A. *Empreendedorismo*: transformando ideias em negócios. Rio de Janeiro: Campus, 2001.

FENSTERSEIFER, J. E.; SAUL, N. "Investimentos de capital nas grandes empresas". *In Revista de administração*, vol. 28, n. 3, p. 3-12, 1993.

PAVANI, C.; DEUTSCHER, J. A.; LÓPEZ, S. M. *Plano de negócios*: planejando o sucesso do seu empreendimento. Rio de Janeiro: Lexikon, 1997.

PINSON, L.; JINNETT, J. *Anatomy of a business plan*. New Hampshire: Upstart, 1996.

RAMAL, A. C. et al. *Construindo planos de negócios*: todos os passos necessários para planejar e desenvolver negócios de sucesso. Rio de Janeiro: Campus, 2001.

ROSA, C. A. *Como elaborar um plano de negócio*. Belo Horizonte: Sebrae/ MG, 2004.

SILVA, E. C. da. *Como administrar o fluxo de caixa das empresas*. São Paulo: Atlas, 2005.

TACHIZAWA, T.; FARIA, M. de S. *Criação de novos negócios*: gestão de micro e pequenas empresas. São Paulo: FGV, 2002.

VARIAN, H. R. *Intermediate microeconomics*: a modern approach. New York: W. W. Norton & Company, 1993.

WILLIAMS, E. E.; THOMPSON, J. R.; NAPIER, H. A. *Plano de negócios*: 25 princípios para um planejamento consistente. São Paulo: Publifolha, 2002.

CAPÍTULO 10

Plano de Risco

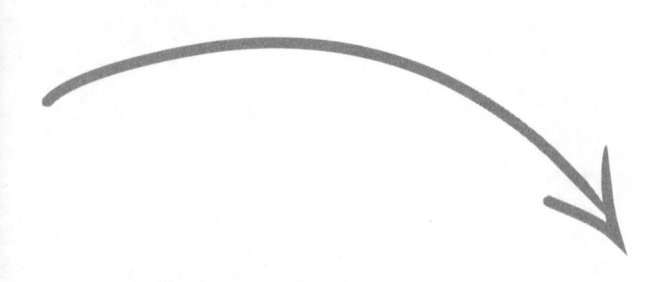

O que é?

O termo risco neste livro tem significado mais restrito do que o utilizado em gerenciamento de projetos, em que faz referência à possibilidade de impactos negativos e positivos no projeto (PMI, 2008). Para planos de negócios, esse conceito é reduzido, significando condição incerta que, ocorrendo, pode impactar negativamente no negócio.

Todo novo empreendimento enfrenta diversos riscos que podem ameaçar sua implementação e/ou sobrevivência. É essencial reconhecer isso, admitindo a existência de riscos potenciais, pois, do contrário, o plano de negócios terá sido feito de forma ingênua. Além disso, como advertem Timmons *et al.* (2008), um plano de riscos pode evitar que possíveis investidores se assustem com o negócio e pode fazer com que o próprio empreendedor se sinta mais seguro, mais à vontade, em prosseguir com o empreendimento.

Os riscos do negócio são identificados ao longo de todo o plano de negócios, em cada uma de suas seções (descrição da empresa, plano de marketing, etc.). Por exemplo: as premissas do cenário pessimista do plano financeiro, os pontos fracos e ameaças da análise SWOT são a descrição de parte dos riscos do negócio. Cabe, no plano de risco, reunir os riscos de forma organizada.

O que deve conter?

No plano de riscos, além de identificar os riscos que podem afetar o empreendimento, devem-se informar as ações que serão adotadas em respostas aos riscos identificados. É importante salientar que um risco pode ter mais de uma causa e gerar mais de uma consequência.

Os riscos podem ser identificados por meio de diversas técnicas, como *brainstorming*, *delphi*, pesquisa documental, *promp list*, entrevistas, etc. Indiferentemente da técnica adotada, deve-se fazer o plano de riscos observando as demais partes do plano de negócios, pois as partes que o compõem devem se comunicar, promovendo a integração numa peça única: o plano de negócios.

Existem diversas técnicas de gerenciamento de riscos, como a matriz P-I, que mostra em suas dimensões a probabilidade de ocorrência e o impacto previsto, permitindo que o risco seja priorizado e usado na *Risk Breakdown Structure* para agrupar os riscos por tipo e origem.

Optou-se nesta obra pela ferramenta Mapa de Risco, por ser de fácil entendimento e amplamente utilizada. O mapa de risco proposto deve conter:

* **Descrição do risco:** diz respeito à exposição do risco identificado. É a descrição do evento que, ao ocorrer, causa impacto negativo no empreendimento;
* **Causas:** são os principais fatores que influenciam a ocorrência do risco;
* **Avaliação do risco:** refere-se à probabilidade de ocorrência e ao nível de impacto do risco sobre o negócio. A probabilidade de ocorrência refere-se à percepção do empreendedor quanto à chance que o risco tem de se confirmar, se materializar, enfim. O nível de impacto relaciona-se aos efeitos do risco produzido no negócio. Normalmente, a avaliação de risco é indicada por meio de uma escala "alto, médio ou baixo";
* **Resposta ao risco:** são as ações que serão tomadas diante do risco identificado. Idealmente, o texto deve ser iniciado com verbos de ação (infinitivo). Normalmente, são estratégias de respostas que visam a eliminar, transferir, mitigar ou aceitar o risco:
  * **Eliminação:** alterar o plano de negócios a fim de eliminar a causa do risco, reduzindo a zero a probabilidade de ocorrência.
  * **Transferência:** passar a responsabilidade e impactos do risco para um terceiro, geralmente na forma de subcontratação ou de seguros.
  * **Mitigação:** promover ações antecipadas para a redução da probabilidade de ocorrência e/ou impacto do risco para uma tolerância aceitável. Evidente que o custo das ações de mitigação do risco deve ser inferior ao impacto dele para o projeto.
  * **Aceitação:** não realizar nenhuma ação preventiva (plano de mitigação) em resposta ao risco, em razão da incapacidade de tratá-lo.

Cada empreendimento tem riscos próprios, que dependem das características do negócio, do mercado em que está ou será inserido, do perfil da concorrência, etc. Mas há riscos comuns a diversos empreendimentos nascentes. No Quadro 16, apresentam-se os quatro riscos mais comuns, bem como possíveis contramedidas:

Quadro 16 – Riscos mais comuns em negócios nascentes e suas contramedidas

RISCOS	CONTRAMEDIDAS
Produto/serviço não ter aceitação pelo mercado, na quantidade ou no preço estimado	• Realizar testes-piloto (interações em número reduzido e controlado de usuários em potencial) a fim de identificar a necessidade de modificações antes do lançamento. • Produzir em pequenos lotes, pois caso seja necessário fazer alterações no produto, não se perca parte substancial dos recursos. • Direcionar as ações para outros consumidores (público secundário), caso não tenha aceitação com o público primário.
Ações de retaliação da concorrência	• Apesar de haver a crença em alguns empreendedores que para seu negócio não há concorrência, ou que a velocidade de reação da concorrência será lenta, ou que o nicho escolhido não será alvo de ação de retaliação, na maioria dos casos trata-se de uma falácia. Deve-se contrabalançar esse risco com capital de giro que permita resistir e responder aos ataques e uma ampla margem de segurança na previsão da quantidade vendida, de forma a não ter prejuízo substancial caso as vendas sejam muito inferiores ao previsto.
Dificuldades em conseguir financiamento	• Identificar fontes alternativas de financiamento, tanto para investimento fixo como para capital de giro (família, economia, pessoal, amigos, *business money*, *seed money*, empréstimo bancário, etc.)[1]. • Promover ações que acelerem entradas de caixa de forma a "juntar" capital, como a redução de prazo de recebimento, o alongamento do prazo de pagamento ou a recorrer a empresas de *factoring*.
Imitação dos produtos	• Empregar o máximo de proteção legal, registrando marcas e produtos (patentes e direito autoral).

---

[1] Para saber mais sobre fontes de financiamento, confira Aidar (2007, p. 83-93), Baron e Shane (2007, p. 166-176) e o "Mapa de acesso a capital", desenvolvido pela Endeavor (www.capital.endeavor.org.br).

Destaca-se que num bom plano de risco é possível antever os riscos do negócio, bem como a "preparação" para administrá-los, caso se confirmem.

Hora de praticar![2]

Plano de risco: *mapa de riscos*

DESCRIÇÃO	CAUSAS	AVALIAÇÃO DO RISCO		RESPOSTA AO RISCO
		Probabilidade de ocorrência[a]	Nível de impacto[b]	

Nota. [a]Alta, Média ou Baixa. [b]Alto, Médio ou Baixo.

Comentários

[2] Reprodução da tela de entrada de dados do plano de risco do software Profit para elaboração de plano de negócios

Referências

AIDAR, M. M. *Empreendedorismo*. São Paulo: Thomson, 2007.

BARON, R. A.; SHANE, S. A. *Empreendedorismo*: uma visão do processo. São Paulo: Thomson, 2007.

PROJECT MANAGEMENT INSTITUTTE. *A guide to the project management body of knowledge*. Newtown Square, PA: PMI, 2008.

TIMMONS., J. A. et al. *Planos de negócios que dão certo*. Rio de Janeiro: Campus, 2008.

CAPÍTULO 11

Plano de Implementação

O que é?

O penúltimo elemento que contempla um plano de negócio é o plano de implementação, que consiste em um cronograma de execução da implementação do empreendimento.

O que deve conter?

O plano de implementação deve contemplar:

* O detalhamento das principais atividades para a implementação do negócio; e
* O(s) principal(is) responsável(is) para a execução dessas ações.

Idealmente, deve ser feito sob a forma do gráfico de Gantt de andamento, dada sua facilidade de elaboração e leitura. O gráfico de Gantt de andamento apresenta a sequência das atividades que devem ser executadas com vistas ao alcance de determinado objetivo, indicando prazos e a relação sequencial entre atividades inerentes ao planejamento (MENEZES, 2007).

Nesse tipo de gráfico, linhas estreitas (modelo original) ou barras mostram o volume planejado de tempo necessário para execução de cada tarefa, evidenciando sua sequência e inter-relacionamento. As linhas cheias (modelo original) ou barras (essas, normalmente, com cores mais escuras do que as anteriores) evidenciam o volume acumulado de tempo para execução das atividades, das quais derivam tarefas para sua consecução. Pode-se, ainda, associar as atividades aos marcos (ou *milestones*, em referência ao termo inglês), fragmentando o cronograma em partes menores por meio de pontos de referência (ou seja, os marcos) que auxiliam no monitoramento. Veja exemplo no Quadro 17.

Quadro 17 – Exemplo de plano de implementação

MARCOS / ATIVIDADES	RESPONSÁVEIS	JÁ EXISTENTE	MESES 1ª	2ª	3ª
Parcerias		■			
Identificar parcerias	Lis Fonseca				
Negociar parcerias	Lis Fonseca				
Constituição legal e operacional			■		
Reformar imóvel	Thamires de Freitas				
Realizar compras (investimento inicial)	Thamires de Freitas				
Proceder constituição legal	Thamires de Freitas				
Desenvolver site institucional	Lis Fonseca				
Contratar equipe	José Assis				
Treinar equipe	José Assis				
Promoção				■	
Realizar ações de promoção	Lis Fonseca				

Como se observa (Quadro 17), as atividades são expressas como ações (verbos), por exemplo, reformar, realizar, proceder. Os marcos, por sua vez, que agrupam as atividades inter-relacionadas, são expressos como substantivos (Parcerias, Constituição legal e operacional e Promoção).

Hora de praticar![1]

Plano de implementação

ATIVIDADES	RESPONSÁVEIS	JÁ EXISTENTE	MESES 1ª	2ª	3ª

Referências

MENEZES, L. C. de M. *Gestão de projetos.* São Paulo: Atlas, 2007.

---

[1] Reprodução da tela de entrada de dados do Plano de Implementação do software para elaboração de plano de negócios Profit.

CAPÍTULO 12

Sumário Executivo

O que é?

Trata-se de uma síntese do conteúdo das demais seções do plano de negócios, razão pela qual deve ser o último item a ser feito — apesar de ser o primeiro dentro de um ordenamento lógico—, pois depende dos anteriores. Afinal de contas, seria incoerente fazer uma síntese de algo antes que esse "algo" existisse!

A função do sumário executivo é oferecer ao leitor uma visão geral, mas resumida, do empreendimento, dos resultados a serem alcançados e das estratégias utilizadas para sua consecução. É no sumário executivo que se evidencia a oportunidade identificada de negócio; o mercado-alvo que se pretende atender; a qualificação da equipe gestora; os recursos necessários para o empreendimento e a previsão dos resultados num horizonte razoável de tempo, além dos riscos associados ao negócio e o seu estágio de implantação.

O que deve conter?

Sugere-se que o sumário executivo tenha os seguintes itens e seções correspondentes do plano de negócios, conforme o Quadro 18.

Quadro 18 – Conteúdo do sumário executivo e suas seções correspondentes

SEÇÃO	DESCRIÇÃO
Descrição da Empresa	• Dados do empreendimento (nome da empresa, localização, tamanho e setor de atividade em que a empresa vai atuar). • Dados dos empreendedores (perfil e atribuições). • Estrutura organizacional.
Plano de Marketing	• Principais características dos produtos/serviços que a empresa visa a oferecer (foco nos elementos de diferenciação). • Características do mercado almejado. • Previsão de vendas. • Estratégias para alcançar os objetivos desejados.
Plano Financeiro	• Rentabilidade e projeções financeiras (montante do capital investido, prazo de retorno do investimento e taxa de retorno do investimento). • Necessidade de financiamento (dimensionamento das necessidades de financiamento e análise de possíveis fontes).
Plano de Risco	• Principais riscos e seus impactos previstos no negócio, assim como o plano de respostas (contramedidas).
Plano de Implementação	• Programação das principais atividades para implantação do negócio.

Acrescenta-se às considerações feitas que o sumário executivo deve ser elaborado de forma a explicitar o objetivo do plano de negócios em relação ao leitor, ou seja, a quem o plano de negócios se destina — apresentação da empresa aos funcionários, proposta de parceria, requisição de financiamento, etc. (PAVANI, DEUTSCHER e LÓPEZ, 1997).

Ademais, nas palavras de Dolabela (2000, p. 167), "O sumário executivo é decisivo: ele é um momento de 'venda' da ideia, do negócio".

Por isso, tenha em mente que quem quer que seja decidirá se continuará lendo o plano de negócios com base no sumário executivo. Portanto, deve ser escrito com cuidado, com muita atenção, e ser revisado várias vezes.

Hora de praticar![1]

Sumário executivo

Dados do empreendimento

Dados dos empreendedores

Estrutura organizacional

---
[1] Reprodução da tela de entrada de dados do sumário executivo do software para elaboração de plano de negócios Profit.

O produto/serviço e o mercado competidor

Projeções financeiras e necessidade de financiamento

Referências

DOLABELA, F. "O plano de negócios e seus componentes". *In*: DOLABELA, F. e FILION, L. J. (org.) *et al.* **Boa ideia! E agora?**. São Paulo: Cultura, 2000.

PAVANI, C.; DEUTSCHER, J. A.; LÓPEZ, S. M. **Plano de negócios**: planejando o sucesso do seu empreendimento. Rio de Janeiro: Lexikon, 1997.

Questões para discussão

1. Por que se deve verificar o conhecimento que se tem acerca de empreendimentos que visam constituir antes de começar a elaborar o plano de negócios? Qual a importância da modelagem de negócios nesse processo?

2. Verifique em que e como o SEBRAE auxilia as microempresas e as empresas de pequeno porte (visite o do seu município ou Estado, ou pesquisa na Internet).

3. Faça uma consulta junto a um escritório de contabilidade e levante os serviços que podem ser prestados, bem como o investimento necessário para tanto.

4. Como você faria para obter informações de concorrentes de um negócio a ser criado se as informações não estivem à sua disposição?

5. Quais alternativas teriam o empreendedor que não pudesse prever, com um razoável grau de certeza, o volume de vendas do produto/serviço da empresa para o qual está elaborando um plano de negócios?

6. Faça uma pesquisa na Internet e determine o custo de oportunidade para a abertura de uma empresa comercial do setor de confecções, cujo investimento inicial fosse de R$50.000,00 e o risco associado ao negócio fosse relativamente baixo, aja visto ter-se identificado uma demanda reprimida na região na qual se pretende instalar o negócio.

RECOMENDAÇÕES ADICIONAIS

PARTE 3

Capítulo 13
CONSELHOS FINAIS AO EMPREENDEDOR

1. Discorrer sobre os principais erros cometidos por empreendedores de primeira viagem.

QUESTÕES PARA DISCUSSÃO

CAPÍTULO 13

Conselhos Finais ao Empreendedor

Após percorrer o itinerário proposto neste livro, dentro de um *continuum* lógico, em que se discutiu o que é um plano de negócios, sua importância, sua forma de avaliação e sua estrutura passo a passo, cabe, então, tecer algumas considerações finais.

Existem três erros normalmente cometidos por empreendedores de primeira viagem, que são descritos a seguir.

1. *Começar a andar sem saber bem para onde*

    Deve-se, antes de iniciar qualquer planejamento, definir com exatidão o negócio que se pretende abrir, manter ou ampliar, mesmo sabendo que, com o decorrer do planejamento, possivelmente serão feitas correções de rumo.

2. *Apaixonar-se à primeira vista pelo empreendimento*

    Muitas vezes, a paixão pelo empreendimento é tão arrebatadora, que se perde a capacidade de avaliar como empreendedor as limitações do empreendimento. O objetivo é estimar se o negócio é ou não viável — para isso, elabora-se um plano de negócios, e não para executar o empreendimento a qualquer custo. Não se pode perder de vista que o plano de negócios serve exatamente para auxiliar na resposta à pergunta que motiva a ação de empreender esforços para fazê-lo: é viável abrir, manter ou expandir tal negócio?

3. *Compreender a empresa como um(a) parceiro(a) de uma relação monogâmica*

    Essa analogia com o casamento (é o que se espera!) tem duas acepções: a primeira, no sentido de que o empreendedor pode, quando for o caso, reconhecer suas limitações e montar uma equipe de gestão que conduza a empresa à sua visão, permitindo que outros toquem o negócio sem medo de perder a autoridade — isso permitirá maior dedicação a questões estratégicas do que a itens operacionais do negócio. A segunda, no tocante ao empreendedor, que deve, sempre que lhe for oportuno, manter relações com o máximo possível de parceiros estratégicos. Uma das características atribuídas aos empreendedores de sucesso, sem dúvida, é a amplitude do seu *networking*.

Por fim, ressalte-se que o plano de negócios é, por certo, um valioso instrumento de planejamento. Nesse sentido, deve ser flexível, adaptável a novos paradigmas, sob pena de se tornar um mero documento ultrapassado e sem efetividade se assim não for. Enfim, como adverte Rosa (2004), o plano de negócios deve ser feito "a lápis", para que possa ser corrigido, alterado e ajustado à medida que novas oportunidades e ameaças surgirem.

Não esqueça: o êxito sempre corresponde ao esforço empregado. Mãos à obra e sucesso no seu empreendimento!

Referência

ROSA, C. A. *Como elaborar um plano de negócio.* Belo Horizonte: SEBRAE/ MG, 2004.

Questões para discussão

1. Além dos três erros normalmente cometidos por empreendedores de primeira viagem apontados no livro, identifique outros.

2. Por que o plano de negócios deve ser utilizado como instrumento de controle e como ferramenta de planejamento?

APÊNDICES

Apêndice A
NOÇÕES ELEMENTARES SOBRE TRIBUTAÇÃO

Apêndice B
TAXA INTERNA DE RETORNO MODIFICADA (MTIR)

Apêndice C
DETERMINAÇÃO GRÁFICA DO PAYBACK DESCONTADO

Apêndice D
ANÁLISE DE INVESTIMENTO DE PROJETOS MUTUAMENTE EXCLUDENTES

Apêndice E
PONTO DE EQUILÍBRIO PARA MAIS DE UM PRODUTO/SERVIÇO

APÊNDICE A
Noções elementares sobre tributação

Introdução

A gestão tributária eficiente dentro das organizações, muitas vezes, é engolida pela ausência de planejamento na determinação dos tributos. Se não bastasse a elevada carga tributária, 33,17% do PIB em 2012 (TESOURO NACIONAL, 2020), tem-se uma complexa legislação, o que implica elevado custo de conformidade à tributação (*compliance costs of taxation*), que corresponde ao custo dos recursos necessários ao cumprimento das determinações legais tributárias pelos contribuintes.

Os aspectos tributários relacionados com as organizações contemplariam centenas de folhas. Esse estudo trata somente de suas noções básicas.

Noções conceituais[1]

Tributo tem seu conceito previsto pelo artigo 3º do Código Tributário Nacional (CTN).

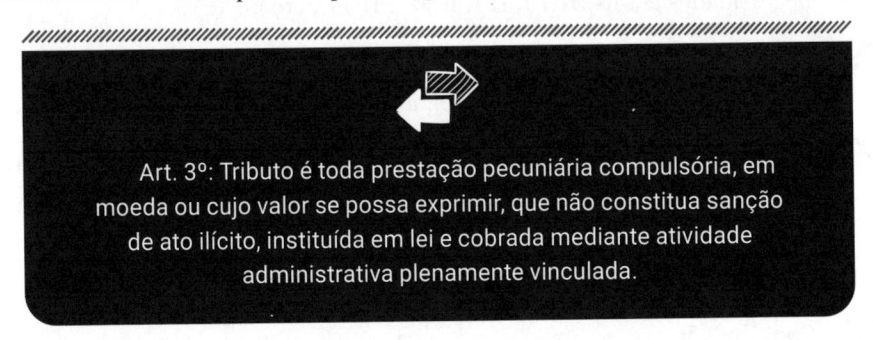

> Art. 3º: Tributo é toda prestação pecuniária compulsória, em moeda ou cujo valor se possa exprimir, que não constitua sanção de ato ilícito, instituída em lei e cobrada mediante atividade administrativa plenamente vinculada.

Sobre esse conceito legal, cabem algumas breves explicações.

---

1 Para o desenvolvimento desta seção, seguiu-se, com adaptações, a apresentação de Fabretti (2006).

- **Prestação pecuniária:** o texto legal exclui qualquer prestação que não seja apresentada em dinheiro;
- **Compulsória:** obrigatoriedade, ou seja, não decorre de negócios jurídicos realizados mediante manifestação de vontade das partes;
- **Em moeda ou cujo valor se possa exprimir:** pode ser fixado em moeda ou outra unidade traduzível em moeda (por exemplo: UFIR);
- **Não constitua sanção de ato ilícito:** exclui a multa pecuniária decorrente de sanção de ato ilícito do conceito de tributo;
- **Instituído em lei:** o artigo 150, inciso I, da Constituição Federal (CF) veda à União, aos estados, ao Distrito Federal e aos municípios exigirem ou aumentarem tributo sem lei que o estabeleça;
- **Cobrada mediante atividade administrativa plenamente vinculada:** administrativamente, é uma atividade privada do Estado, não podendo ser exercida por nenhuma outra pessoa. De forma vinculada, significa que a administração pública deverá agir estritamente conforme a lei;

Muitas vezes, generalizam-se, erroneamente, as espécies tributárias pela denominação "imposto". Esclarece-se que há as seguintes categorias:

- **Imposto:** não-vinculado à prestação de serviço público; destina-se a cobrir as necessidades gerais (IRPJ, IPI, ICMS, IPTU, etc.);
- **Taxa:** vinculado à prestação de serviço público; portanto, de caráter remuneratório (alvará, iluminação pública, arquivamento de contrato social, etc.);
- **Empréstimo compulsório:** instituído para o atendimento de despesas extraordinárias, decorrentes de calamidade pública, guerra externa ou de sua iminência; ou no caso de necessidade relevante de investimento público de caráter urgente (por exemplo: energia elétrica, combustíveis, etc.);
- **Contribuições:**
    - **Melhoria:** instituído em face ao custo de obras públicas de que decorra valorização imobiliária, tendo como limite total a despesa realizada e limite individual a valorização proporcionada. Por exemplo: pavimentação de uma rua.

* **Sociais:** podem ter distintas finalidade e base de cálculo. São destinadas à coleta de recursos para certas áreas de interesse do poder público, na administração direta e indireta ou atividades de entes que colaboram com a administração (COFINS, PIS, INSS, CSLL, SENAI; etc.).

As normas jurídicas só têm validade se editadas em rigorosa consonância com os princípios jurídicos. Em matéria tributária, destacam-se — por serem utilizados com maior frequência em recursos dos contribuintes aos tribunais — os princípios abaixo citados, entre outros:

* **Legalidade:** só pode ser criado ou aumentado por lei (Art. 5º, II e Art. 150, I da CF);
* **Anterioridade:** lei que cria ou aumenta tributo só vale para o exercício financeiro seguinte ao de sua publicação, salvo exceção expressa (Art. 150, III, b da CF). IPI, II, IE e IOF não se sujeitam (Art. 153 § º da CF) e contribuições sociais podem ser cobradas no mesmo ano da publicação, desde que decorridos 90 dias (Art. 195 § 6ºda CF);
* **Noventena:** além de não se poder cobrar tributos no mesmo exercício financeiro (anterioridade), não se pode cobrar antes de decorridos 90 dias da data da publicação da lei que os instituiu ou aumentou (Art. 150, III, c da CF);
* **Irretroatividade:** a lei tributária só vale para fatos geradores ocorridos depois do início da vigência da lei que os houver instituído ou aumentado (Art. 150, III da CF). Admite-se a retroatividade quando favorece o contribuinte (Art. 5º, XL da CF);
* **Isonomia:** tratamento igual aos equivalentes (*caput* do Art. 5º e Art. 150, II da CF);
* **Capacidade contributiva:** deve ser cobrado de acordo com a capacidade contributiva de cada um (Art. 145 § 1º da CF);
* **Imunidade recíproca das esferas públicas:** os entes federativos não podem instituir tributos sobre patrimônio, renda ou serviços uns dos outros (Art. 150, VI da CF);
* **Não-cumulatividade:** compensa-se o tributo que for devido em cada operação com o montante cobrado nas anteriores. Esse princípio vem consagrado na

Constituição Federal em três artigos distintos, que dispõem sobre o ICMS (Art. 155, § 2º, I da CF), o IPI (Art. 153, § 3º, II da CF) e as contribuições sociais (Art. 195 § 12 da CF);

Além dos princípios constitucionais tributários, faz-se necessário apresentar outros conceitos fundamentais:

* **Competência tributária (esfera):** de legislar e de cobrar (União, estados, Distrito Federal e municípios);
* **Fato gerador:** situação que cria obrigação tributária (por exemplo: a obrigação tributária com o IPI nasce no momento em que ocorre a saída de produto industrializado do estabelecimento industrial);
* **Campo de incidência:** delimitador da área de incidência de um tributo;
* **Base de cálculo:** junto com a alíquota correspondente, proporciona a característica de valor (quantificação) ao tributo;

Principais tributos incidentes sobre atividade empresarial

A tributação no Brasil incide basicamente sobre as seguintes bases: produção (IPI), comercialização e prestação de serviço (ICMS e ISS), faturamento (PIS e COFINS), patrimônio (IPTU, ITR e IPVA), renda e lucro (IR e CSLL), folha de pagamento (INSS e FGTS), movimentação financeira (IOF) e comércio exterior (IE e II).

Discorrer-se-á sobre Simples Nacional, IPI, COFINS, PIS, IRPJ, CSLL, ICMS, ISS, INSS e FGTS. Antes, porém, tratar-se-á sobre um mecanismo tributário que vem sendo utilizado pelo fisco, a fim de evitar evasão fiscal, pela facilidade de cobrança: a substituição tributária. Tem-se conhecimento de sua utilização no recolhimento do ICMS, do IPI, do PIS da COFINS e do ISS.

Substituição tributária

A substituição tributária é um instituto jurídico incluído em nosso ordenamento legal pelo Art. 128 do Código Tributário Nacional (CTN) e pela Emenda Constitucional 03/93. Consiste em atribuir responsabilidade pelo pagamento do imposto a uma terceira pessoa que tenha relação com o fato gerador da obrigação tributária. Nesse caso, os tributos são recolhidos por outro agente na cadeia produtiva, como no caso de combustíveis, em que as refinarias substituem o ICMS das distribuidoras e os postos de serviço.

No caso de substituição, as empresas não sofreram à incidência dos tributos na venda e não terão direitos a crédito na compra. Para definição do cálculo do imposto, as autoridades fazendárias definem percentuais de margens presumidas diferenciadas (Taxa de Valor Adicionado), por tipo de produto.

* Exemplo: considerando que o preço de venda do fabricante ao varejista é de R$ 100,00, que a alíquota do ICMS é 12% e a do ICMS substituição tributária é 18%, e que a TVA é de 40%, tem-se:

  * Preço de venda do fabricante: R$ 100,00
  * ICMS a recuperar: R$ 12,00

    Memória de cálculo

    100,00 × 12% = R$ 12,00
  * Base de cálculo do ICMS substituição tributária: R$ 140,00

    Memória de cálculo

    100,00 + 40% = 140,00
  * ICMS substituição tributária: R$ 13,20

    Memória de cálculo

    140,00 × 18% − 12,00 = 13,20
  * Total da nota: R$ 113,20

    Memória de cálculo

    100,00 + 13,20 = 113,20

Simples Nacional

Regime especial unificado de arrecadação de tributos e contribuições devidos pelas microempresas (com receita bruta anual igual ou inferior a R$ 480.000,00) e empresas de pequeno porte (com receita bruta anual superior a R$ 480.000,00 e igual ou inferior a R$ 4.800.000,00).

- **Tributos unificados:** IRPJ, CSLL, COFINS, PIS, IPI, INSS (a cargo do empregador, incluindo às destinadas ao Sesi, Sesc, Sebrae, Senai e congêneres, bem como o salário-educação e outras instituídas pela União), ICMS e ISS;

- **Empresas impedidas de optar:** existem prerrogativas para o enquadramento neste regime de tributação. Sugere-se consulta dos capítulos II e IV da Lei Complementar no 123/06;

- **Fato gerador:** obter receita de vendas ou prestação de serviços;

- **Incidência:** todos;

- **Base de cálculo:** faturamento bruto;

- **Alíquota:** variável de acordo com o faturamento e a atividade;

- **Informação adicional:**

    - As empresas optantes pelo Simples Nacional não farão jus à apropriação nem transferirão créditos relativos a impostos ou a contribuições abrangidas pelo Simples Nacional. Entretanto, as pessoas jurídicas não optantes pelo Simples Nacional terão direito a crédito correspondente ao ICMS incidente sobre as suas aquisições de mercadorias de microempresas ou empresas de pequeno porte optantes pelo Simples Nacional, desde que destinadas à comercialização ou industrialização e observado, como limite, o ICMS efetivamente devido pelas optantes pelo Simples Nacional em relação a essas aquisições. Além disso, mediante deliberação exclusiva e unilateral dos estados e do Distrito Federal, poderá ser concedido, às pessoas jurídicas não optantes pelo Simples Nacional terão crédito correspondente ao ICMS incidente sobre os insumos utilizados nas mercadorias adquiridas de indústria optante pelo Simples Nacional, sendo vedado o estabelecimento de diferenciação no valor do crédito em razão da procedência dessas mercadorias.

IPI: Imposto sobre Produto Industrializado

- **Espécie:** imposto;
- **Esfera:** federal;
- **Fato gerador:** saída de produto do estabelecimento industrial ou equiparado a industrial e o desembaraço aduaneiro de produto de procedência estrangeira;

- **Incidência:** indústria;
- **Base de cálculo:** receita bruta.
- **Alíquota:** variável.
- **Informações adicionais:**
  - Imposto externo;
  - **Não cumulativo:** se o produto adquirido for utilizado posteriormente como insumo na fabricação de novo bem ou para revenda, gerará crédito tributário, por ocasião de sua compra. Caso se destine à imobilização ou ao consumo final, não gerará direito a crédito.
- Exemplo:
  - Preço de venda sem IPI: R$ 100,00.
  - IPI (–) 15%: R$ 15,00

    Memória de cálculo

    $100,00 \times 15\% = 15,00$
  - Insumo A: R$ 30,00
  - IPI (+) insumo A 20%: R$ 5,00

    Memória de cálculo

    R$ 30,00 está para 120% (100% + 20%)

    x está para 20%

    Portanto: 6,00/120% = 5,00
  - Insumo B: R$ 10,00
  - IPI (+) insumo B 15%: R$ 1,30

    Memória de cálculo

    10,00 está para 115% (100% + 15%)

    x está para 15%

    Portanto: 1,50/115% = 1,30
  - IPI a recolher: R$ 8,70

    Memória de cálculo

    15,00 – 5,00 – 1,30 = 8,70

COFINS: Contribuição para Financiamento da Seguridade Social

* Espécie: contribuição.
* Esfera: federal.
* Fato gerador: obter receita de qualquer espécie.
* Incidência: todos.
* Base de cálculo: receita bruta – exceto parcelas do IPI.
* Alíquota: 3% (Lucro Presumido ou Arbitrado) e 7,6% (Lucro Real).
* Informações adicionais:
    * Isenção em exportações;
    * Não cumulatividade relativa: dessa forma, pode haver dedução da base de cálculo se a empresa for optante do regime de tributação Lucro Real.
* Exemplo:
    * Preço de venda com IPI de 15%: R$ 115,00;
    * Cofins (–) 3%: R$ 3,00;

    Memória de cálculo

    115,00 está para 115% (100% + 15%)

    x está para 3%

    Portanto: 3,45/115% = 3,00

PIS: Programa de Integração Social

* Espécie: contribuição;
* Esfera: federal;
* Fato gerador: obtenção de receita de qualquer espécie;
* Incidência: todos;
* Base de cálculo: receita bruta — exceto parcelas do IPI;
* Alíquota: 0,65% (Lucro Presumido ou Arbitrado) e 1,65% (Lucro Real);

* Informações adicionais:
  * Há isenção em exportações;
  * Não cumulatividade relativa: pode haver dedução da base de cálculo se a empresa for optante do regime de tributação Lucro Real.
* Exemplo:
  * Preço de venda com IPI de 15%: R$ 115,00;
  * PIS (–) 0,65%: 0,65;

    Memória de cálculo

    115,00 está para 115% (100% + 15%)

    x está para 0,65%

    Portanto: 0,75/115% = R$ 0,65

IRPJ: Imposto de Renda Pessoa Jurídica

* Espécie: imposto;
* Esfera: federal;
* Fato gerador: aquisição da disponibilidade econômica (recebimento) ou jurídica (direito a receber) da renda ou do provento;
* Incidência: auferição de lucro real, presumido ou arbitrado;
* Base de cálculo: lucro real, presumido ou arbitrado;
* Alíquota: 15%;
* Regimes de tributação.

Lucro real

Lucro real é o lucro líquido (contábil), do período de apuração, ajustado pelas adições, exclusões ou compensações prescritas ou autorizadas pela Legislação do Imposto de Renda.

* Empresas impedidas de optar: livre, desde que não tenha havido intervenção do fisco determinando a apuração pelo lucro arbitrado.
* Tributação: 15% sobre o lucro real.

※ **Informações adicionais:**

 ※ Permite dedução da base de cálculo do IRPJ, da CSLL, do PIS e da COFINS;

 ※ Permite dedução do IRPJ devido e da CSLL devida;

 ※ Adicional com alíquota de 10% sobre excedente (lucro real) de R$ 20.000,00 (apuração mensal) ou R$ 60.000,00 (apuração trimestral);

 ※ Obriga a empresa ter uma escrituração contábil nos termos das leis comerciais e fiscais.

Lucro presumido

Lucro presumido é a margem percentual de lucro fixada em lei de acordo com a atividade exercida pela organização sobre a qual incidira o tributo.

※ **Empresas impedidas de optar:** que não estejam obrigadas à tributação pelo lucro real e que sobre a qual não tenha havido intervenção do fisco determinando a apuração pelo lucro arbitrado.

※ **Tributação:** 15% sobre o lucro presumido;

※ **Informações adicionais:**

 ※ Permite dedução do IRPJ devido e da CSLL devida;

 ※ Adicional com alíquota de 10% sobre excedente (lucro presumido) de R$ 20.000,00 (apuração mensal) ou R$ 60.000,00 (apuração trimestral);

 ※ Permite que a empresa não tenha escrituração contábil nos termos da legislação do Imposto de Renda, elaborando somente o livro caixa — que será, inclusive, fonte de todas as informações.

Lucro arbitrado

O arbitramento do lucro é uma forma de apuração da base de cálculo do IRPJ e da CSLL utilizada pelo fisco, mas que, no caso em que se conheça a receita bruta, pode ser utilizada pela organização.

※ **Arbitramento pelo fisco:**

* Quando o contribuinte, obrigado à tributação com base no lucro real, não mantiver escrituração na forma das leis comerciais e fiscais, ou deixar de elaborar as demonstrações financeiras exigidas pela legislação fiscal;

* Quando a escrituração a que estiver obrigado o contribuinte revelar indícios de fraudes ou contiver vícios, erros ou deficiências que a tornem imprestável para identificar a efetiva movimentação financeira, inclusive bancária, ou determinar o lucro real;

* Quando o contribuinte deixar de apresentar à autoridade tributária os livros e os documentos da escrituração comercial e fiscal, ou o Livro Caixa;

* Quando o contribuinte optar indevidamente pela tributação pelo lucro presumido;

* Quando o comissário ou representante da pessoa jurídica estrangeira deixar de escriturar e apurar o lucro da sua atividade separadamente do lucro do comitente residente ou domiciliado no exterior;

* Quando o contribuinte não mantiver, em boa ordem e segundo as normas contábeis recomendadas, Livro Razão ou fichas utilizadas para resumir e totalizar, por conta ou subconta, os lançamentos efetuados no Livro Diário.

* **Arbitramento pelo contribuinte:** quando conhecida a receita bruta e desde que ocorrida qualquer das hipóteses do arbitramento pelo fisco;
* **Tributação:** 15% sobre o lucro arbitrado;
* **Informações adicionais:**
  * Permite dedução do IRPJ devido e da CSLL devida;
  * Adicional com alíquota de 10% sobre excedente (lucro arbitrado) de R$ 20.000,00 (apuração mensal) ou R$ 60.000,00 (apuração trimestral).

CSLL: Contribuição social sobre lucro

* **Espécie:** contribuição;
* **Esfera:** federal;

※ **Fato gerador:** auferir lucro real, presumido ou arbitrado;

※ **Incidência:** todos;

※ **Base de cálculo:** lucro real, presumido ou arbitrado;

※ **Alíquota:** 9% e 15% (Instituições Financeiras);

※ **Informações adicionais:**

   ※ Pode haver dedução da base de cálculo se a empresa for optante do regime de tributação lucro real;

   ※ Pode haver dedução da CSLL devida.

Por exemplo: Simples Nacional, IRPJ e CSLL (Quadros A.1 e A.2).

Considerando a seguinte situação hipotética:

※ Receita bruta anual: R$ 100.000,00;

※ Despesas totais: R$ 65.000,00;

※ Despesas dedutíveis da base de cálculo do PIS e da COFINS: R$ 45.000,00.

Alíquotas, conforme Quadro a seguir:

Quadro A.1 – Exemplo: Regime de Tributação (Parte 1)

TRIBUTOS	REGIME DE TRIBUTAÇÃO			
	SIMPLES	LUCRO REAL	LUCRO PRESUMIDO[2]	LUCRO ARBITRADO[3]
Simples	4,00%	–	–	–
COFINS	–	7,60%	3,00%	3,00%
PIS	–	1,65%	0,65%	0,65%
IRPJ	–	15,00%	1,20%	1,44%
CSLL	–	9,00%	1,08%	1,08%

---

2 Lucro presumido de 8% para IRPJ e 12% para CSLL.
3 Lucro presumido de 9,6% para IRPJ e 12% para CSLL.

Tem-se:

Quadro A.2 – Exemplo: Regime de Tributação (Parte 2)

TRIBUTOS	REGIME DE TRIBUTAÇÃO			
	SIMPLES	LUCRO REAL	LUCRO PRESUMIDO	LUCRO ARBITRADO
Simples	R$ 4.000,00	–	–	–
COFINS	–	R$ 4.180,00	R$ 3.000,00	R$ 3.000,00
PIS	–	R$ 907,50	R$ 650,00	R$ 650,00
IRPJ	–	R$ 4.486,88	R$ 1.200,00	R$ 1.440,00
CSLL	–	R$ 2.692,13	R$ 1.080,00	R$ 1.080,00
Total	**R$ 4.000,00**	**R$ 12.266,50**	**R$ 5.930,00**	**R$ 6.170,00**

MEMÓRIA DE CÁLCULO

Simples Nacional:

$$100.000,00 \times 4\% = R\$ 4.000,00$$

Lucro real:

COFINS: (100.000,00 – 45.000,00) × 7,6% = R$ 4.180,00
PIS: (100.000,00 – 45.000,00) × 1,65% = R$ 907,50
IRPJ: (100.000,00 – 65.000,00 – 4.180,00 – 907,50) × 15% = R$ 4.486,88
CSLL: (100.000,00 – 65.000,00 – 4.180,00 – 907,50) × 9% = R$ 2.692,13

Lucro presumido:

COFINS: 100.000,00 × 3% = R$ 3.000,00
PIS: 100.000,00 × 0,65% = R$ 650,00
IRPJ: 100.000,00 × 1,2% = R$ 1.200,00
CSLL: 100.000,00 × 1,08% = 1.080,00

Lucro arbitrado:

COFINS: 100.000,00 × 3% = R$ 3.000,00
PIS: 100.000,00 × 0,65% = R$ 650,00
IRPJ: 100.000,00 × 1,44% = R$ 1.440,00
CSLL: 100.000,00 × 1,08% = R$ 1.080,00

ICMS: Imposto sobre Circulação de Mercadorias e de Prestação de Serviços de Transporte Interestadual e Intermunicipal e de Comunicação

- **Espécie:** imposto;
- **Esfera:** estadual;
- **Fato gerador:** circulação ou importação de mercadorias e prestação de serviços de transporte interestadual ou intermunicipal e de comunicação;
- **Incidência:** indústria, comércio e alguns serviços específicos;
- **Base de cálculo:** valor da mercadoria com(*) ou sem(**) IPI incluso, ou do serviço prestado;
- **Alíquota:** variáveis;
- **Informações adicionais:**
  - Não cumulativo: gera direito a crédito tributário, salvo disposição expressa de lei em contrário;

(*) Considerar-se-á em sua base de cálculo o montante do IPI, quando a operação, realizada entre contribuintes ou não de IPI ou ICMS, e relativa a produto destinado ao uso e ao consumo, configure fato gerador dos dois impostos.

- **Exemplo:**
  - Alíquotas: ICMS 18% e IPI 10%;
  - Preço sem ICMS embutido: R$ 100,00;
  - Preço com ICMS: R$ 124,69;
    Memória de cálculo
    110% × 18% = 19,8%
    100,00 está para 80,2% (100% − 19,8%)
    x está para 100%
    Portanto: 100,00/80,2% = 124,69
  - IPI: R$ 12,47
    Memória de cálculo
    124,69 × 10% = 12,47

✳ Total da operação: R$ 137,16

Memória de cálculo

124,69 + 12,47 = R$ 137,16

✳ ICMS: R$ 24,69

(a ser destacado na nota fiscal ao título de ICMS)

Memória de cálculo

137,16 × 18% = 24,69

(**) Não considerará em sua base de cálculo o montante do IPI, quando a operação, realizada entre contribuintes de IPI e/ou ICMS, e relativa a produto destinado à industrialização ou à comercialização, configure fato gerador dos dois impostos.

✳ **Exemplo:**

✳ Alíquotas: ICMS 18% e IPI 10%;

✳ Preço sem ICMS embutido: R$ 100,00;

✳ Preço com ICMS: R$ 121,95;

Memória de cálculo

100,00 está para 82% (100% − 18%)

x está para 100%

Portanto: 100,00/82% = 121,95

✳ IPI: R$ 12,20;

Memória de cálculo

121,95 × 10% = 12,20

✳ Total da operação: R$ 134,15;

Memória de cálculo

121,95 + 12,20 = 134,15

✳ ICMS: R$ 21,95.

(a ser destacado na nota fiscal ao título de ICMS)

Memória de cálculo

121,95 × 18% = 21,95

ISS: Imposto sobre serviço

- Espécie: imposto;
- Esfera: municipal;
- Fato gerador: prestação de serviços descritos na Lei Complementar no 116/03;
- Incidência: serviço;
- Base de cálculo: valor do serviço prestado;
- Alíquota: variáveis (máximo 5% – Lei Complementar no 116/03).
- Informações adicionais:
    - Pode ser considerado imposto externo, dependendo das resoluções municipais;
    - Pode haver substituição tributária.
- Exemplo:
    - Valor do serviço prestado: R$ 1.000,00;
    - ISS (–) 5%: R$ 50,00.

    Memória de cálculo

    1.000,00 × 5% = 50,00

INSS: Instituto Nacional da Seguridade Social

- Espécie: contribuição;
- Esfera: federal;
- Fato gerador: pagamento de remuneração à pessoa física, a qualquer título, decorrente das relações de trabalho, por empregador, empresa ou pela entidade a ela legalmente equiparada;

* Incidência: todos;
* Base de cálculo: salário de empregados ou trabalhadores avulsos ou valor da nota fiscal ou fatura de serviços prestados por cooperados através de cooperativas;
* Alíquota: 20% sobre salário e 15% sobre nota fiscal ou fatura;
* Informações adicionais:
  * Também é devido sobre a folha de salários o Seguro de Acidente de Trabalho (SAT), que deve ser recolhido na mesma guia ao INSS de acordo com o grau de risco da atividade às seguintes alíquotas: risco leve 1%, risco médio 2% e risco grave 3%;
  * Também são arrecadados na mesma guia pelo INSS as contribuições de terceiros, como Incra (0,2%), Sebrae (0,6%), Senai ou Senac (1%), Sesi ou Sesc (1,5%), salário educação (2,5%), etc.

FGTS: Fundo de Garantia por Tempo de Serviço

* Espécie: contribuição;
* Esfera: federal;
* Fato gerador: pagamento de remuneração à pessoa física, a qualquer título, decorrente das relações de trabalho, por empregador, empresa ou pela entidade a ela legalmente equiparada;
* Incidência: todos;
* Base de cálculo: remuneração mensal do empregado;
* Alíquota: 8%;
* Exemplo de INSS e FGTS (Quadro A.3):
  * Empresa industrial cujo risco de atividade é médio:

Quadro A.3 – Exemplo: INSS e FGTS

DESCRIÇÃO	ALÍQUOTA	R$
Salários		10.000,00
INSS	20,0%	2.000,00
SAT	2,0%	200,00
INCRA	0,2%	20,00
SEBRAE	0,6%	60,00
SENAI	1,0%	100,00
SESI	1,5%	150,00
Salário educação	2,5%	250,00
FGTS	8,0%	800,00
Encargos totais	35,8%	3.580,00
Folha de pagamento		13.580,00

Por fim, adverte-se que alterações na legislação tributária são constantes. Razão pela qual se deve redobrar a atenção quanto ao assunto.

Referências

FABRETTI, L. C. *Direito tributário aplicado: impostos e contribuições das empresas*. São Paulo: Atlas, 2006.

TESOURO NACIONAL. *Estimativa da carga tributária bruta no Brasil* - 2019. Brasília: Ministério da Fazenda, 2020.

APÊNDICE B

Taxa Interna de Retorno Modificada (MTIR)

Uma alternativa para fluxos de caixa não convencionais (com mais de uma inversão de sinal) é usar a taxa interna de retorno modificada (MTIR), que equivale a taxa de desconto à qual a soma do valor presente (VP), na data zero, dos fluxos de caixa (FC) negativos de um projeto é igual ao valor presente da soma do valor futuro (VF), na data n, dos fluxos de caixa positivos de um projeto. Por exemplo (Quadro B.1):

Quadro B.1 – Exemplo: taxa interna de retorno modificada

j	CF_j	PV	FV	n – j
0	-130.000	-130.000		5
1	75.000		122.286	4
2	-30.000	-23.494		3
3	80.000		102.152	2
4	-25.000	-15.333		1
5	90.000		90.000	0
Total		-168.827	314.438	

Taxa de desconto (i) = 13% a.a.

Deve-se calcular o valor presente dos valores negativos do fluxo de caixa na data zero:

$$VP_j = \frac{CF_j}{(1+i)^j}$$

Por exemplo, considerando o período 2, tem-se

$$VP_2 = \frac{-30.000}{(1+0,13)^2} = 23.494$$

Em seguida, determinar o valor futuro dos valores positivos do fluxo de caixa, na data n: $VF_j = FC_j \times (1 + i)^{n-j}$. Por exemplo, considerando o período 1, tem-se VF_1 = 75.000 x $(1 + 0,13)^4$ = R$ 122.286,00.

Em seguida, deve-se fazer a soma do valor presente dos fluxos de caixa negativos (-168.827) e do valor futuro dos fluxos de caixa positivos (+314.438).

Por fim, calcular a taxa que iguala as duas somas (do valor presente e do valor futuro), multiplicando antes a soma do valor presente por – 1 para tornar o valor positivo.

Sabendo-se que

$$VF = VP \times (1+i)^n$$

Desenvolvendo, tem-se

$$(1+i)^n = \frac{VP}{VF} \therefore i = \sqrt[n]{\frac{VP}{VF}} - 1$$

Logo,

$$MTIR = \sqrt[n]{\frac{VP}{VF}} - 1$$

Substituindo:

$$MTIR = \sqrt[5]{\frac{168.827}{314.438}} - 1 = 0{,}132$$

Ou seja, a MTIR é de 13,2%, maior do que a taxa de desconto considerada, de 13%. Assim, o projeto é viável por esse critério.

Usando a calculadora HP 12C, a MTIR poderia ser calculada como se mostra no Quadro B.2.

Quadro B.2 – Exemplo: Taxa Interno de Retorno Modificada na HP

HP 12C	
168827 CHS PV	Armazenar valor presente
314438 FV	Armazenar valor futuro
5 N	Armazenar período
i	Calcular MTIR
13,2	Resultado

APÊNDICE C
Determinação gráfica do *payback* descontado

Pode-se determinar o *payback* descontado graficamente, por semelhança de triângulos retângulos.

Considere os dados do projeto abaixo (Quadro C.1).

Quadro C.1 – Exemplo: *payback* **descontado**

PERÍODO	FLUXO DE CAIXA	VALOR PRESENTE LÍQUIDO
0	-180,00	-180
1	45,00	-139
2	55,00	-94
3	75,00	-37
4	80,00	17

Taxa de desconto (i): 10% a.a.

Verifica-se que entre os períodos 3 e 4 o valor presente líquido (VPL) mudou de sinal, tornando-se positivo. Assim, o *payback* ocorre entre o 3 e 4 períodos.

Graficamente, ocorre na interseção da linha do VPL com a abscissa (ou seja, o ponto D no gráfico). Veja graficamente (Figura C.1)

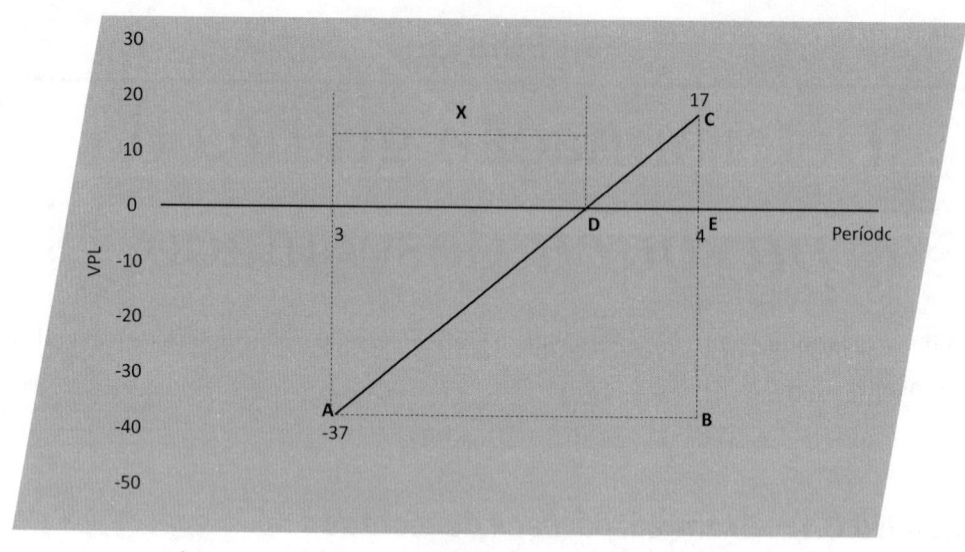

Figura C.1 – Ilustração do payback descontado

Por semelhança de triângulos retângulos, tem-se:

$$\frac{BC}{AB} = \frac{EC}{DE}$$

Substituindo:

$$\frac{54}{1} = \frac{17}{1-X} \therefore 54 - 54X = 17 \therefore 54X = 37 \therefore X = \frac{37}{54} \therefore X = 0{,}68$$

Assim, o **payback** descontado é de 3,68 anos, ou aproximadamente 3 anos e 8 meses.

APÊNDICE D

Análise de investimento de projetos mutuamente excludentes

No livro, as técnicas de análise de investimento foram aplicadas comparando uma alternativa de investimento com outra já disponível, de rentabilidade conhecida (o custo de oportunidade ou taxa de atratividade ou taxa desconto). Pode ocorrer, porém, de se desejar comparar alternativas de investimento com rentabilidade desconhecidas, que sejam mutuamente excludentes, seja tecnicamente — se a funcionalidade que precisa ser atendida for satisfeita por apenas uma das alternativas de investimento — e/ou financeiramente — se por limitações do orçamento não for possível atender ao orçamento de ambas.

Quando projetos independentes têm valores de investimento inicial (ou FC_0) e/ou amplitudes temporais diferentes, não é adequado comparar projetos alternativos pelo VPL, pela TR ou pela TIR dos projetos como mostrado no livro até aqui.

Desde que os projetos tenham a mesma taxa de desconto (i), é possível comparar alternativas de investimento mutuamente excludentes usando o VPL a TR e a TIR do fluxo de caixa diferencial (para projetos com a mesma duração) ou pelo valor presente líquido anualizado (para projetos com durações diferentes).

Projetos com a mesma duração

Para apresentar a abordagem do fluxo de caixa diferencial são considerados dois projetos (A e B), com prazos iguais ($n_A = n_B$), mutuamente excludentes. Para maior facilidade as alternativas serão ordenadas pelo investimento inicial (FC_0), do menor para o maior: $FC_{0A} < FC_{0B}$; e se trabalhará com o fluxo de caixa diferencial (FCD). Confira Quadro D.1.

Quadro D.1 – Exemplo: fluxo de caixa diferencial

PROJETO	FC_0	FC_1	FC_2	FC_3	FC_4	VPL	TR	TIR
A	-200.000	80.000	90.000	100.000	110.000	84.261,03	42%	29,67%
B	-300.000	100.000	120.000	150.000	150.000	87.043,73	29%	24,14%
FDC	-100.000	20.000	30.000	50.000	40.000	**2.782,69**	**3%**	**13,16%**

Taxa de desconto (i): 12% a.a.

Para determinação do FDC foi tomado em cada período j os fluxos de caixa pontuais (FC_j) de cada projeto e feita a subtração:

$$FDC_{A-B} = CF_{Bj} - FC_{Aj}; \text{ para } (j = 0,1,2,\ldots,n)$$

Nota-se que ambos projetos (A e B), considerando uma taxa de desconto (i) de 12%, são viáveis, pois têm VPL superior a zero, consequentemente TR superior a zero, e TIR maior do que a taxa de desconto. Vê-se que o projeto A apresenta menor VPL, mas maior TR e TIR. Dessa forma, pelo critério da TR e da TIR, seria feita opção pelo projeto A; mas pelo critério do VPL, por outro lado, a opção seria projeto B.

Porém, não se deve comparar esses indicadores entre as alternativas, mas calcular tais indicadores considerando o FDC dos projetos (fluxo de caixa do projeto B menos o do projeto A), considerando-os como mutuamente excludentes (ou seja, realizar um significa não realizar o outro).

Por essa análise, vê-se que o FDC dos projetos A e B é viável, pois apresenta VPL positivo (por consequência, TR positiva) e TIR superior a taxa de desconto. Em outros termos, o investimento incremental exigido pelo projeto B, comparado ao projeto A (300.000,00 – 200.000,00 = R$ 100.000,00) é viável, pois investir R$ 300.000,00 e obter TIR de 24,14% é mais vantajoso do que investir 200.000 e obter TIR de 29,67% além dos 12% (taxa de desconto) sobre o valor não aplicado (ou seja, 100.000), na ordem de 2.782,69 (VPL). Em outros termos, o investimento incremental apresenta rentabilidade superior a taxa de desconto.

Avançando a análise, se sensibilizarmos o VPL das alternativas pela taxa de desconto (ou seja, alterando apenas a taxa de desconto e mantendo constante os demais termos), pode-se determinar o equilíbrio de Fisher (Figura D.1).

Análise de investimento de projetos mutuamente excludentes

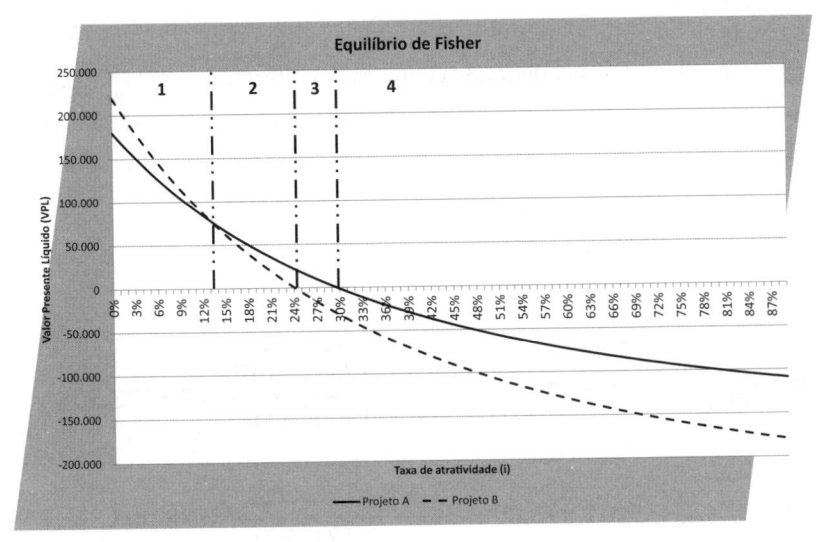

Figura D.1 – Equilíbrio de Fisher

Vê-se que à taxa de desconto da amplitude do espaço 1 (de 0% a 13,15%), o projeto B é preferível ao projeto A; do espaço 2 (de 13,17% a 24,14%), o projeto A é preferível ao projeto B; do espaço 3 (de 24,15% a 26,67%), apenas o projeto A é viável, pois o VPL do projeto B é negativo; e do espaço 4 (acima de 26,67%), ambos os projetos são inviáveis. Além disso, observa-se que à taxa de desconto de 13,16%, é indiferente escolher o projeto A ou a B (ou seja, o equilíbrio de Fisher).

Alternativas com duração diferente

Para demonstrar a abordagem do valor presente líquido anualizado são considerados, agora, dois projetos (C e D), com prazos distintos ($n_C \neq n_D$), mutuamente excludentes (cf. Quadro D.2).

Quadro D.2 – Exemplo: Valor Presente Líquido Anualizado

PROJETO	CF_0	CF_1	CF_2	CF_3	CF_4	VPL	VPLA	N
C	-300.000	87.000	130.000	170.000	180.000	71.525,74	**26.073,50**	4
D	-455.000	150.000	250.000	330.000		61.875,80	**28.003,36**	3

Taxa de desconto (i): 17% a.a.

Como os projetos têm amplitudes temporárias diferentes (Projeto C = 4 anos e Projeto D = 3 anos), não seria adequado comparar as alternativas pelo VPL, pois o VPL do projeto C se refere ao período de 4 anos e o VPL do projeto D ao de 3 anos. Pode-se usar, como solução, o valor presente líquido anualizado (VPLA), como se mostra.

$$VPLA_i = VPL_i \times \frac{(1+i)^{n_i} \times i}{(1+i)^{n_i} - 1}$$

Substituindo:

$$VPLA_{Projeto\ C} = 71.525,74 \times \frac{(1+0,17)^4 \times 0,17}{(1+0,17)^4 - 1} = 26.073,50$$

$$VPLA_{Projeto\ D} = 61.875,80 \times \frac{(1+0,17)^3 \times 0,17}{(1+0,17)^3 - 1} = 28.003,36$$

Assim, vê-se que o VPLA do projeto D é superior ao do projeto C. Logo, o projeto D é preferível ao C (preferível, pois ambos são viáveis).

Usando a calculadora HP 12C, o VPLA poderia ser calculado como se mostra no Quadro D.3.

Quadro D.3 – Exemplo: valor presente líquido anualizado na HP 12C

HP 12C	
Projeto C	
71525,74 CHS PV	Armazenar valor presente
17 i	Armazenar taxa de atratividade
4 N	Armazenar período
PMT	Calcular VPLA
• 26.073,50	**Resultado**
Projeto D	
61875,80 CHS PV	Armazenar valor presente
17 i	Armazenar taxa de atratividade
3 N	Armazenar período
PMT	Calcular VPLA
• 28.003,36	**Resultado**

APÊNDICE E

Ponto de equilíbrio para mais de um produto/serviço

Neste apêndice faz-se o desenvolvimento do ponto de equilíbrio para mais de um produto.

Sabe-se o ponto de equilíbrio pode ser expresso por:

$$PE = \frac{CF}{PV - CVu}$$

Notação:

PE = Ponto de equilíbrio

CF = Custo fixo

PV = Preço de venda

CVu = Custo variável unitário

Como a margem de contribuição (MC) é a diferença entre preço de venda (PV) e custo variável unitário (CVu), pode ser reescrever a expressão anterior da seguinte forma: $PE = \frac{CF}{MC}$.

Assim, ao determinar o ponto de equilíbrio para mais de um produto, é preciso estabelecer um critério de rateio para margem de contribuição. O critério mais apropriado depende da atividade do negócio. Pode-se, porém, sugerir o uso da margem de contribuição unitária (MCu) como critério para rateio da margem de contribuição global (MCg).

Por exemplo, considerando um custo fixo (CF) de R$ 8.000,00 e os dados que seguem sobre os produtos A, B e C (Quadro E.1):

Quadro E.1 – Exemplo: Ponto de equilíbrio para mais de um produto (parte 1)

	DESCRIÇÃO	FÓRMULA	PRODUTOS/SERVIÇOS		
			A	B	C
Q	Volume de vendas estimado	-	140	180	240
PV	Preço de venda	-	50,00	65,00	45,00
CVu	Custo variável Unitário	-	38,50	44,05	28,65
MCu	Margem de contribuição unitária	PV – MCVu	11,50	20,95	16,35
MCt	Margem de contribuição total	MCu X Q	1.610,00	3.771,00	3.924,00
MCg	Margem de contribuição global	$\sum MCt$	9.305,00		
α	Rateio	$\dfrac{MCt}{MCg}$	0,17	0,41	0,42
MCu[r]	Margem de contribuição unitária rateada	MCu X α	1,96	8,59	6,87
MC	Margem de contribuição	$\sum MCu[r]$	17,41		

Substituindo os termos da equação, tem-se:

$$PE = \frac{8.000,00}{17,41} = 489$$

Assim, o ponto de equilíbrio para os produtos A, B e C é de 489 unidades. Porém, não em qualquer proporção, mas na mesma proporção do volume de vendas estimado. Veja Quadro E.2:

Quadro E.2 – Exemplo: ponto de equilíbrio para mais de um produto (parte 2)

	DESCRIÇÃO	PRODUTOS/SERVIÇOS			TOTAL
		A	B	C	
Q	Volume de vendas estimado	140 (25%)	180 (32,14%)	240 (42,86%)	560
PE	Ponto de equilíbrio	Aprox. 122	Aprox. 157	Aprox. 210	489

Assim, o ponto de equilíbrio é de 489 unidades, necessariamente, sendo: 25% do produto A (ou seja, 489 X 0,25 = Aprox. 122 unidades), 32% do produto B (ou seja, 489 X 0,3214 = Aprox. 157 unidades) e 43% do produto C (ou seja, 489 X 0,4286 = Aprox. 210 unidades).

Note que neste exemplo, a quantidade do ponto de equilíbrio por produto não ultrapassou a quantidade prevista de vendas. É importante observar esse aspecto na análise do ponto de equilíbrio, pois na sua determinação, não foi desenvolvido modelo de otimização com restrições. Assim, é possível que a quantidade do ponto de equilíbrio rateada para cada produto seja superior ao previsto nas vendas.

Índice

A
ambiente econômico, 3
ambiente interno, 53–102
ambientes organizacionais, 53–102
análise
    análise da concorrência, 52–102
    análise de mercado, 52–102
    análise de sensibilidade, 121–150
    análise de solidez, 20–22
    análise estratégica, 52–102
    análise SWOT, 73–102
ancoragem, 85–102
atividades primárias, 112–118

B
Bacen, 20–22
benchmarking, 19, 115
bens econômicos, 61–102
bens substitutos, 70–102
BNDES, 105–118
Bovespa, 131–150
break even. *Consulte* ponto de equilíbrio
Business Model Canvas, 27–46

C
cadeia de valor, 112–118
canais
    canais de comunicação, 39–46
    canais de distribuição, 56–102
canvas, 27
    canvas da proposta de valor, 32
    canvas do modelo de negócio, 28–46
capital de giro, 122–150
capital investido, 135–150
Capital Social, 20–22
Certi, 123
ciclo de vida, 55–102
ciclo econômico, 56–102
clientela-alvo, 52–102
Código Tributário Nacional, 176–190
COFINS, 180–206
comunicação, 39–46
concorrência, 54–102
conformação concorrencial, 55–102
conjuntura econômica, 48
consumidores, 55–102
contrato social, 174–206

cronograma, 158–160
crowdfunding, 123–150
CSLL, 183–206
curva de experiência, 56–102
custo
    custo de oportunidade, 83, 129–150, 166
    custo fixo, 148–150
    custos operacionais, 123–150
    custo variável, 143–150

D
demanda reprimida, 48–50
design thinking, 35–46
determinação do mérito, 21–22

E
economia comportamental, 85
economia de escala, 56–102
efeito isca, 85
elasticidade
    elasticidade-preço cruzada da demanda, 69–102
    elasticidade-preço da demanda, 69–102
    elasticidade-renda da demanda, 69–102
    elasticidade unitária, 69–102
empreendimento, 4–6
entidades reguladoras, 54–102
equity, 123–125
estratégia
    estratégia de distribuição, 80–102
    estratégia empresarial, 72–102
    estratégias de marketing, 67–102
    estratégias de precificação, 85
    estratégias de segmentação, 31–46
    estratégias push e pull, 94–102
estrutura legal, 104–118
estrutura organizacional, 164–166

F
FGTS, 189–206
financiamento, 5, 163–166
Finep, 123–150
fluxo de caixa, 121–150, 191–206
fonte de receita, 30–46
fornecedores, 54–102
Fundo Garantidor de Crédito, 131–150

G
Global Entrepreneurship Monitor, 8
gráfico de Gantt, 158

I
IBGE, 20–22, 69–78
IBrX, 131–150
ICMS, 177–206
imposto, 174–206
indicadores, 18–22
índice de lucratividade, 121–150
INSS, 189–206
investidores, 5
investimento inicial, 122–150
IOF, 176–206
Ipea, 20–22
IPI, 176–206
ISS, 176–206

J
Jornada do Cliente, 34–46

L
liquidez, 139–150
Lucro Arbitrado, 182–206
Lucro Presumido, 182–206
Lucro Presumido ou Arbitrado, 180–206
Lucro Real, 180–206

M

macroambiente, 74–102
mão de obra, 55–102
mapa da empatia, 34
mapa de risco, 153
Margem de Contribuição Total, 200–206
Margem de Contribuição Unitária, 200–206
margem de lucro, 90–102
market share, 55–102
markup, 83
matriz BCG, 64–93
MEI, 105–118
mensuração de riscos, 121–150
mérito social, 21–22
microambiente, 53–102
microempresa, 105
milestones, 158–160
Mínimo Produto Viável, 36–46
Minimum Viable Product, 36–46
mix de marketing, 78–102
modelagem do negócio, 26–46
MTIR, 191–206

N

networking, 169–170

O

offering, 79–102
oligopólio, 55–102
organograma funcional, 111–118
órgãos de fomento, 21–22

P

parceria, 159–160, 163–166
parcerias-chave, 41–46
payback, 121–150

persona
    proto-persona, 35–46
PIB, 48–50
PIS, 180–206
política de preços, 82–102
políticas regulamentadoras, 56–102
ponto de equilíbrio, 121–150
Ponto de Equilíbrio, 199–201
praça, 78–102
prazo de cobertura, 126–150
preço, 78–102
    precificação, 86–102
    preço de custo, 87–102
    preço de venda, 126
    preço mínimo, 84
    preço-prêmio, 77–102
princípio do desconto, 128–130
Produto Interno Bruto. *Consulte* PIB
produtos/serviços, 26–46
Profit, 15–16
promoção, 78–102
proposta de valor, 27–46
psicologia social, 68

Q

quatro Ps, 78–102

R

regime de tributação, 49–50, 106, 185–206
retorno sobre o investimento, 82, 81–85
risk breakdown structure, 153–156
ROI. *Consulte* retorno sobre o investimento
RPJ, 181–206

S

sazonalidade, 115–118
Sebrae, 9–10

segmentação, 31–46, 67
segmento de clientes, 35–46
Simples Nacional, 176–206
Sociedade Empresária, 107–118
Sociedade Simples, 107–118
softwares, 15
Stakeholders, 53–102
subvenção econômica, 123–150
SWOT, 73–102, 152–156. *Consulte também* análise SWOT

T

taxa
  taxa de lucratividade, 132–150
  taxa de rentabilidade, 129–150
  taxa de retorno, 130
  taxa interna de retorno, 137
  taxa interna de retorno modificada, 139–150
taxa de crescimento, 63–102
taxa de empreendedorismo, 9–10

tendências, 56–102
TIR, 121–150. *Consulte* taxa interna de retorno
TR. *Consulte* taxa de retorno
tributos, 49–50
Tributos Unificados, 178–206

V

valor
  valor presente líquido, 135–150
  valor presente líquido anualizado, 141–150
valor presente, 191–192
Value Proposition Canvas, 32
vantagem competitiva, 77
venture debt, 123
viabilidade, 26–46
volume de vendas, 96–102
VPL, 193–194. *Consulte* valor presente líquido